找事

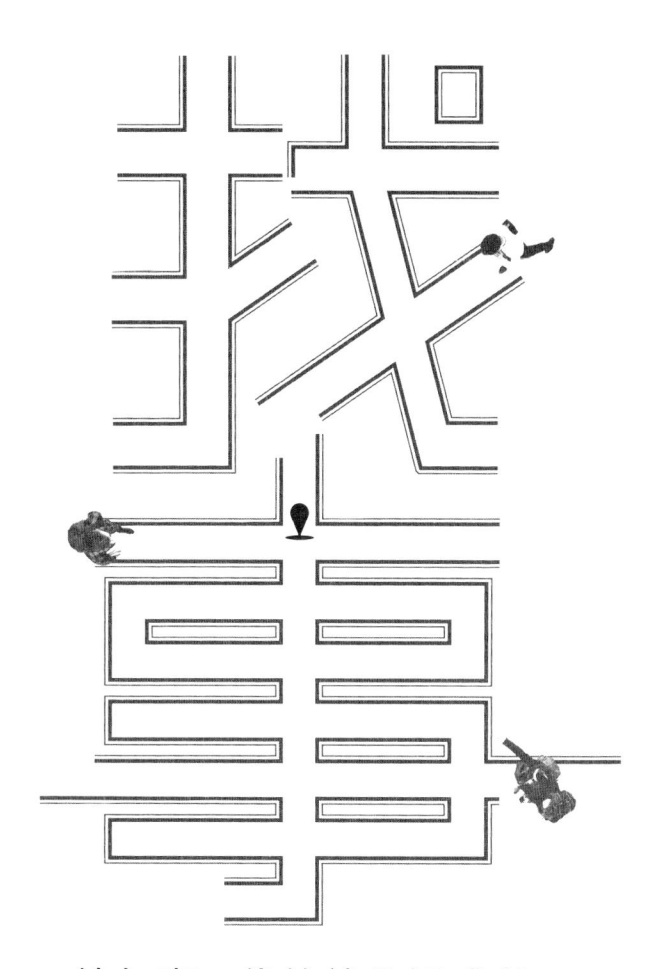

给年青一代的就业解惑书

何帆 著

图书在版编目（CIP）数据

找事：给年青一代的就业解惑书 / 何帆著. -- 北京：中信出版社, 2023.7
 ISBN 978-7-5217-5609-8

Ⅰ.①找… Ⅱ.①何… Ⅲ.①职业选择 Ⅳ.①C913.2

中国国家版本馆 CIP 数据核字（2023）第 066428 号

找事：给年青一代的就业解惑书
著者： 何帆
出版发行：中信出版集团股份有限公司
（北京市朝阳区东三环北路 27 号嘉铭中心　邮编　100020）
承印者： 河北赛文印刷有限公司

开本：880mm×1230mm 1/32　印张：8.75　　字数：200 千字
版次：2023 年 7 月第 1 版　　印次：2023 年 7 月第 1 次印刷
书号：ISBN 978-7-5217-5609-8
定价：59.00 元

版权所有·侵权必究
如有印刷、装订问题，本公司负责调换。
服务热线：400-600-8099
投稿邮箱：author@citicpub.com

目录

自 序 / 1

第一章 "好工作"神话的破灭

三个故事 / 003

内卷、躺平和扑腾 / 007

焦虑是一个报警器 / 013

"好工作"神话 / 016

过去的经验,还是留给过去吧 / 021

经济换挡,好工作更少了 / 022

坐快车和坐慢车的年轻人 / 025

科技革命会带来阵痛期 / 029

中产阶级会受到最大的冲击 / 031

收入分配是21世纪的头等大事 / 035

他们比我们有钱 / 037

时代变了,你也要变 / 041

第二章

你需要找事做，而不是找工作

工作是什么 / 047

传统的工作伦理骗了你 / 051

消费主义继续骗你 / 057

为什么成功人士更愿意当工作狂 / 061

找事做，而不是找工作 / 067

做什么事很重要 / 070

和谁一起做事很重要 / 075

找到做事的意义很重要 / 080

第三章

如何找到你最想干的事，而且还能赚钱

乔布斯没有说实话 / 087

兴趣—天赋—社会需求三要素模型 / 088

兴趣来自哪里 / 098

天赋究竟是什么 / 104

职业的兴衰 / 109

先拿到一张入场券 / 118

怎样帮孩子找到他们最想干的事 / 129

第四章
如何找到和你一起干事的人

为什么要找一群和你一起干事的人 / 137

为什么要找到自己的价值观 / 139

为什么有原则的生活能让你更幸福 / 142

怎样建立自己的社交网络 / 144

怎样判断一家公司的"部落文化" / 150

怎样和公司里的女性打交道 / 156

怎样和公司里的年轻人打交道 / 162

怎样和公司里的中老年人打交道 / 167

为什么找个好的导师很重要 / 170

什么样的老板值得追随 / 174

第五章
要不要换一件事情做

怎么判断要不要换一份工作 / 179

第一份工作不理想怎么办 / 184

先试着在公司内部腾挪 / 187

论"斜杠青年"的自我修养 / 190

怎样成功地实现转型 / 197

最终还是想辞职,该怎么办 / 202

怎样做一名自由职业者 / 208

第六章
新的经济生态系统,能做什么事

电梯是怎么升上去的 / 217

站在 2023 年的山顶看历史 / 219

米切尔之问 / 222

在慢变量中寻找小趋势 / 227

补链者红利 / 232

腾挪红利 / 237

生活家红利 / 243

时空穿越红利 / 246

终身学习者红利 / 252

怎样成为新物种 / 256

后　记 / 262

自序

写作此书的动机始于一个困惑。我跟年轻人聊天的时候，他们时常喜欢问我的问题是：该怎么学习呢？以后干什么才好？要不要去创业？但是，当我换一个角度，作为一个采访者向他们提问，请他们谈谈自己的工作状况和职业规划时，他们就会说，哎呀，这个话题太沉闷了，算了，换个话题吧。这就奇怪了，为什么他们能问我，但我不能问他们呢？

我大概能猜到其中的原因。年青一代对未来的期望值更高，他们渴望能过上物质和精神都很丰富的生活。最好30多岁就能实现财务自由，然后退休，去做自己最想做的事情，比如，周游世界、养猫养狗、做做公益。可是真的到了30多岁，却可能发现自己连"饭碗"都不一定保得住，手头上做的工作无聊透顶，职场的PUA（精神控制）让人厌恶，早看够了成功人士的嘴脸。理想丰满，现实骨感。于是年轻人陷入了一种迷茫：是选择内卷，还是选择躺平或是一直努力地扑腾？

我想起了自己在中学的时候，就受了感召，知道自己一生要做的事情一定跟读书和写作有关。后来，我慢慢知道，这件事情叫"做学问"。读完本科，我考上了硕士研究生，这才算刚踏进学术的殿堂。当年的我曾是那样迷茫。我希望做的事情是读书、写作，但我不知道这能不能养活自己。去读研究生之前，父亲的一位朋友勉励我，要选一个行业研究，当一名专家，以后就不愁找不到工作了。他建议我研究石油行业。

也是在读研究生期间，我经历了一场理想的幻灭。那时，我很想知道，如果选择做学问，自己未来的生活是什么样的。我去参加学术研讨会，比如关于世界经济形势的讨论，听到的都是专家冗长而无聊的发言。那是在20世纪90年代中期，我还记得一位业内资深专家的发言题目是"美国经济已经进入缓慢低速增长的第三年"。坐在我旁边的学长笑着告诉我，这位专家上一年的发言题目是"美国经济已经进入缓慢低速增长的第二年"。研究生可以领到所里办的学术期刊。我们专业最权威的期刊是《世界经济》。翻开这份期刊，我读到的文章题目是《蒙古经济改革政策浅析》。难道这就是我梦寐以求的学术生活吗？这太让我心灰意懒了。

后来证明，这都是因为我的视野太窄。我很快就遇到了好的导师，带我见识了真正的高手，让我领略到真正的学问是如此激动人心。当我沉浸其中，乐而忘返的时候，早已把学什么专业以后才好找工作这样的困惑抛在脑后。后来，当我读到巴菲特说，他每天都想要跳着舞去上班时，我想我能感同身受。至于那份《世界经济》，巧得很，我博士毕业后干的第一份工作就是做《世界经济》杂志的编辑部主任。我和我的同事把这份期刊完全变了个样，改造成了我们心目中学术期刊的样子。

你看，找工作和找事做，其实是两种完全不同的思路。只想找工作，十有八九会掉进失望的泥潭。你干的工作很可能无法让你圆年轻时的梦想，毕竟那都是别人给你的 offer（录取通知），你没有任何掌控感。找事做就不一样，你一定是以自我为中心，认清自己的兴趣和天赋，再去了解社会需求，寻找一种匹配。你要找的不是一个职位，而是一条道路。在这条道路上，你会遇到未知的挑战，但那些都是路上的风景和奇遇。你可能走得快，也可能走得慢，但一定会更充实、更自信。

这是我的感悟，我想把它分享给年青一代的朋友们。公允地讲，年青一代在很多方面远超我们这一代。他们受过更好的教育，见过更多的世面，起点比我们更高，舞台比我们更大，但他们缺少一些机会。我们那一代其实什么都不知道，所以多知道一点儿都会欢呼雀跃。我们那一代对自己没有太高的期许，所以会对取得的每一点小小的成就感到沾沾自喜。年青一代不一样，他们已经得到的太多，再想要更多的就太难了。他们见过的太多，所以很难再有惊喜。他们可选的方案太多，反而迷失了方向。他们其实生活在一个一切皆有可能的时代。旧的时代已经过去，新的时代尚未成型，就像叶芝的诗里所说的,"万物已然解体,中心再难维系"。这本是一个用创新替代传统,用独立替代习俗的时候,但太多的年轻人都挤在一起,千军万马过独木桥,既惊慌又焦虑。

虽然年青一代的成长环境跟我们这一代不一样了,但是真理从来就没有改变。只适用于一代人的成功秘诀不是真正的成功秘诀,真正的成功秘诀适用于每一个时代的人;只适用于一部分人的成功秘诀不是真正的成功秘诀,真正的成功秘诀适用于每一个人。看起来非常新奇的成功秘诀不是真正的成功秘诀,真正的成功秘诀总是最平实直白的。这个秘诀其实很简单:不是找工作,而是找事做。你要用心去找一件你喜欢做、有能力做好,又能给你带来社会成就感的事情。在工业革命之前,没有我们所熟悉的现代工作制度,多数人是在找事做,而不是找工作。在后工业时代的未来,我们所熟悉的工作制度会逐渐退出历史舞台,但即使到了那个时候,人们还是要找事做。这个道理一说就能明白,那为什么还要写一本书来讲它呢?这是因为,真理不需要被发明出来,但需要一再被提醒。

这本书就是一个提醒。我将带你去观察工作制度的演变和局限,就业市场的陷阱和秘密关卡。我将陪你从学校里的准备,到进入社会的第一步,再到中途的失落和彷徨,直到终身的规划,倾听你的困惑,分享我的感受。我的目标不是做一名导师,而是做一名导游。

关于就业和择业的书太多了，但这本书和它们不一样。这本书关心的不仅仅是你的问题，也会引导你去关心你所在的世界。这本书关心的不是特定时点的问题，而是如何让你学会终局思维，让你笑到最后。这是一本讲人性的书，也是一本讲历史的书，但它是从一位经济学家的独特视角写的。由于常年做宏观趋势的研判，让我习惯了跳出常规的思维框架，不急于下结论，不用自己的好恶去评判外部的变化，始终保持对这个世界的好奇心。这本书把理论拆解，把学科打通，"六经注我"，以你会遇到的问题为主线，力求为你提供一份实践指南。

为了写作这本书，我还找到了一个强大的支援。在调研的过程中，我结识了BOSS直聘的朋友。作为一家快速发展的在线求职招聘平台，有超过1亿的求职者、找工作的人和超过900万家用人单位在上面进行双向匹配和直接沟通。BOSS直聘一直在关注就业市场的变化，每年都会做大量的问卷调查和观察研究，它们有国内第一家职业科学实验室，有众多拥有博士学位的科研人员，甚至有一个专门的田野调查和纪录片团队。他们用写SCI论文的标准去研究就业问题，同时也努力记录就业背后的万家灯火、冷暖人生。我和BOSS直聘的朋友一起做了大量的案例调查，后来一拍即合，决定合作写一本书，回答各种各样与个人事业发展有关的问题。感谢BOSS直聘为我提供了大量写作素材、资料，也感谢其对我的信任，从未对我提出任何商业推广方面的要求。

　　最后，祝福每一位朋友都能够找到自己想做的事，而且既能做得好，又能够获得社会成就感。

第一章
"好工作"神话的破灭

三个故事

我有个朋友，少年得志，才华横溢。他在一家大型房地产企业里做高管，得领导赏识，被同事敬佩。当然，大家也有点怕他，公司里开会的时候，只有他最直言不讳，是撑人高手。房地产行业要转型，公司想发展别的业务，给他也派了个活儿，让他去搞现代农业。聪明人干什么都像模像样，他很快就成了一位农业专家。我花园里种菜，要施什么肥，生了什么虫子，打什么农药，问他准没错。但是，他肩膀上的担子也越来越重。新业务要招新员工，要管这些人。他一个自称"社恐"的人，最不愿意面对面跟人打交道。但是做农业，就要跟农民打交道。哈，你要是跟农民打过交道，就会知道这比跟员工打交道难多了。

有一天，我去办公室找他，恰好碰上他在开线上会议。只见他眉头紧锁,脸色阴沉,神情疲惫。那一刻,我真心心疼他:这工作真的不好干啊!工作就像一根鞭子,抽着我们朝前走,哪怕你才华出众,一样身不由己。内卷,内卷,已经卷到我这么清高自傲的朋友了。

工作之外的他,是另一个样子。他最喜欢的消遣是钓鱼,见到一个朋友,就要推荐人家钓鱼。我说我喜欢跑步,不喜欢钓鱼。他说,你可以跟我一起去,我钓鱼,你绕着水库跑。甩下鱼钩,点着一根烟,望着平静的水面,幸福地发呆,这样他才能找回难得的放松和愉快。周末,他会带两个宝贝女儿爬山。在去之前,他还要自己先去踩点,走一趟,找到最佳路线。我也见过他教我儿子射箭,耐心和蔼,满脸笑容。

一个才华出众的人,能把工作做得有声有色,但为什么真正让他感到快乐的,却不是工作呢?

***

我有个学生,是我在一所外地的高校指导的研究生,天资不算很高,但很听话用功。跟着我读硕士研究生期间,每门功课成绩都很好。她刚读研就有了自己的目标:进一家国有商业银行工作。那几乎是当时所有学经济的学生的梦想。她有个很大的劣势就是学校的竞争力不强。虽然那所高校是重点大学,但毕竟不在北京,不像北京的高校近水楼台,更何况北京的名校影响力更大。她有个很大的优势就是导师的名气大,在金融界的朋友多。快毕业的时候,她来找我帮忙在北京找个实习机会。恰好,我知道一家大型银行在招实习生。她很快就去这家银行实习了。实习的时候,为了拿到留下的名额,她玩命地干活,小心翼翼地看领导的脸色,没日没夜地加班,甚至把一同实习的博士研究生的活儿都接过来做了。到了毕业招聘的时候,她很自然地被这家银行录用了。人家要她的理由很简单:这姑娘,我们用得太顺手了。

刚进银行,她就被派去基层锻炼。她去了外地一家支行的营业所,每天干得最多的事情就是服务来领退休金的老人。有时候,动作稍微慢一些,老人就讲难听的话。她很困惑:我上了这么多年学,就是要干这个吗?基层锻炼结束,她回到北京总行,在机关里上班,变得更迷茫了。每天都很忙,每天都不知道自己在忙什么。她迷失在一座巨大而幽暗的迷宫里,当年的理想一点点破灭。她从一个很有上进心的姑娘,变成了混日子的人。那个时候,还没有"躺平"这个词。但我的这位学生,就是"躺平"的先驱。英国作家王尔德说过,人生有两种不幸,一种是求之不得,一种是求而得之。王尔德说的后半句,就是她这种情况吗?

一份万众羡慕的工作,为什么没能给从业者带来成就感?为什么使她感受不到人生的意义?

***

我采访过一个青年,他出生在山东农村,一路坎坷。上学的时候,家里没人管,他一度迷恋上电子游戏,高考的时候成绩不好,只上了个二本学校。到了快毕业的时候,他开始慌了。他知道,如果再不读书,就没希望了。看看身边,他能够看到的出路只有两条:考研和考公务员。这两个他都试了,他先是考进北京的一所高校,读了硕士研究生,毕业之后又考公务员,进了北京市某局。同事都对他很好,京城的公务员,听起来也是份很有面子的工作,但是,这份工作太清贫了,很难养家糊口。想来想去,他辞职了。

命运有时候就是这么捉弄人。他去的第一家公司是 e 租宝。2015 年 7 月,他入职这家公司,当年 12 月,这家公司就东窗事发,24 名高管集体入狱,被罚款 19 亿元。朋友打趣:你刚入职就"搞黄"了一家公司。他去的第二家公司是华夏幸福。刚入职,正是房地产繁花似锦、烈火烹油的时候。招人、加班,人人摩拳擦掌,都想大干一场。好景不长,很快,华夏幸福的资金链就出了问题。他所在的项目被砍掉了,所在的部门也开始裁员,他是部门里第三个被裁的。所以有时决定命运的不是你努不努力,而是你所在的公司钱够不够多。

华夏幸福曾给他开出超过 50 万元的年薪。这么高的年薪,会让他产生一种错觉,以为自己已经拿到了中产阶层的准入证。其实，个体依然无力而脆弱，就像一根迎风飘荡的芦苇秆。又失业了，怎么办？只能继续找工作。他向几十家公司投了简历，但找工作越来越难。他对收入的预期高了，但互联网企业却不景气了，能开出的薪资也没有以前高了。

我曾问过他："你想过退路吗？"

他说："我哪里有什么退路。要是钱用完了，人就全崩了。"

我又问："那你有没有给自己定一个时间，比如说多长时间之内一定要找到下一份工作？"

他说："最多一个月。"

他的求职经历就是一个使劲儿扑腾的过程。我仿佛看到他在风浪里奋力游泳。黑暗的夜里，远处的岸边点点灯火，他想朝着灯火游过去。不时会有浪头扑过来把他向后推，他把头低下去，又用力抬起。让视线永远高过翻腾的巨浪，这是他唯一获胜的希望。

一个朴实勤勉的年轻人，想找一份稳定而体面的工作，为什么就这么难呢？

内卷、躺平和扑腾

内卷、躺平、扑腾是职场上极为常见的三种困境。

内卷，是花费了过多的资源，去追求不相匹配的收益。付出太多，收获太少，就让人心生倦怠。社会学家项飙说，内卷是一个"陀螺式的死循环，我们要不断抽打自己，让自己空转，每天不断地自我动员。所以它是一个高度动态的陷阱，非常耗能"[1]。过度竞争必然导致内卷。这是一个简单的经济学规律：在一个充分竞争的市场上，是不可能有超额利润的。经济学里还会讲到囚徒困境：追求自利的理性人，最终选择了对自己不利的结果。人是生而自由的，却无往而不在囚徒困境之中。内卷就是一种典型的囚徒困境。别人在卷，你就得跟着卷起来。

于是你能看到，街道办、中学招聘，都要求博士学历，甚至是清华、北大和国外名校的博士；在政府机关、国企和互联网大厂里，名校研究生干着最基础的工作，比如填报表，甚至是点外卖；家政工、快递员这类岗位，也有越来越多的本科生和研究生去应聘。我去互联网大厂做调研，亲见它们的办公楼晚上十点多依然灯火通明。大厂员工看上去忙碌了一整天，可能就是开了十几个会。有的企业搞末位淘汰制，使得员工人人自危，明争暗斗。零和游戏，就是得让别人倒下，自己才能站起来。于是，大家有事没事都要积极向领导汇报，搞好关系，甚至连领导孩子的情况都摸得一清二楚。工作之余，各种考证：律师证、会计师证、心理咨询师证，甚至消防工程师证；

---

[1] 《人类学家项飙谈内卷：一种不允许失败和退出的竞争》，澎湃新闻，2020年10月22日。

各种报班：托福班、雅思班、法语班、计算机编程班。飞机刚落地，就有无数手机铃声响起，仿佛每个人都有上亿元的单子需要马上签署。我亲眼见过有个小姑娘在机场过安检，行李箱还在后面，笔记本电脑先从传送带上出来，她抄起笔记本电脑迅速打开，只为抓紧时间再做一页PPT（演示文稿）。

＊＊＊

躺平，是无法继续投入资源，转而接受更少的回报或是改为寻找其他的回报。躺平更像是内卷的影子，内卷到了哪里，躺平就跟到哪里。有蜗居和蚁族，就有逃离北上广；有"压力山大"，就有"只想做个安静的美男子"；有嗨，就有丧。

有时候，躺平是一种休息，调整之后，还会重新上场。一位互联网企业的员工说："扛不住了，还不让人躺会儿吗？"在辽宁省鞍山市一家电力施工企业工作的李星举，对小伙伴们的行为非常不解：不是说好了拒绝"内卷"，放荡不羁爱自由吗？不是说"60分万岁"，天天冲德玛西亚[①]高地吗？怎么到了晚上十点还在主动加班，周末还不忘来做归档？

有时候，躺平是一种自嘲。最典型的是一群"小镇做题家"通过努力考入重点高校，却发现社会竞争是复杂的，名校的光环无法让自己一直保持赢家的地位，这让只熟悉"考试定

[①] "德玛西亚"是《英雄联盟》宇宙中的地区，也是《英雄联盟》中国服务器"网通二区"的名称。

终身"规则的他们深感挫败。嘴上说躺平,是为了掩饰内心的慌张。曾经想"会当水击三千里",如今人到中年,已经在生活中随波逐流。有娃的同事聊的都是儿女经,没有家累的同事聊的是怎么把人生乐趣搞成副业。

有时候,躺平是一种觉醒。上一代的观念无法再与年轻人产生共鸣。为什么非要出人头地?为什么非要成名成家?做个普通人不好吗?很多年轻人的奋斗轨迹,是从三四线小城市到一二线大城市,再从一二线大城市返回三四线小城市。大城市有大城市的魅力,但回到熟悉的小城市,一下子没了生活压力,不是更自在吗?一位返乡的年轻人说,他离开大城市的动因,是发现早上没时间逛菜市场,到下班的时候,菜就不新鲜了。

有时候,躺平是一种反抗。曾经有一群年轻人,在深圳龙华区三和人才市场附近闲逛,靠打短工维持最低生活水平,他们被称作"三和大神"。虽然其中有对人生"放弃治疗"的人,但更多的年轻人是因为梦想被现实击碎,才对曾经顺从的人生做出无声的反抗。他们把自己不想工作的理由描述为"不愿意被剥削、被克扣、被歧视"。豆瓣上,一群年轻人在热议一部1975年拍摄的电影《决裂》。这部电影引用列宁说的话,呼吁大学要对工人、农民开放,而不能"训练对资产阶级有用的奴仆,既能替资产阶级创造利润,又不会惊扰资产阶级的安宁和悠闲"①。不少年轻人看完电影,深刻共情:对啊,是该决裂了。

有时候,躺平是一种特权。有一位负责学生就业工作的老师对我讲过,她在进行毕业谈话时曾遇到一位女生,完全不给她劝说的机会:"老师,你不用催我找工作了,我妈都说了,不用着急。"有些孩子毕业之后会在家里待着,不慌不忙地准备考研。有些去企业上班的年轻人,开的车比老板的车还高级。他们风度翩翩地上班,毫无心理压力地摸鱼,不争不抢,不在乎考核,不接受加班。因为他们家境优渥,衣食无忧,不在乎那点儿工资。

***

扑腾,是付出了所有的努力,仅能维持基本的回报。没有喘息的机会,没有选择的余地,只能一步步逆风前行。

这两年刚毕业的大学生在职场上的经历让人叹息。上大学的时候遇到了新冠肺炎疫情,上的几乎都是网课,有的学生连本班的同学都认不全。什么是大学生活?他们自己都恍惚了。听师兄师姐说,原来的大学生活是那样的,但传说中的大学生活,和疫情暴发时期的大学生活,似乎是两种毫不相干的生活。要实习了,遇到封校;该毕业了,遇到企业缩编。他们还需要多长时间,才能从疫情的"后遗症"中走出来?

---

① 列宁.青年团的任务.北京:人民出版社,1995.

比刚毕业的学生更扑腾的是 30~40 岁的中青年。对于现代人来说，30 岁往往是事业刚起步的阶段。但人满 30，迎来的不是而立，而是烦恼。比如，一位 30 岁上下的女性员工，可能需要认真考虑是否生育，因为，生孩子和职场发展怎么兼顾，一直都是共性难题。好，你是男性员工，就没有焦虑了吗？不是。不管男女，只要你进入 30 多岁这个阶段，都会面临一些公共焦虑：到没到职业天花板？要不要跳槽？虽然工作经验越来越丰富，但好像在职场上的竞争力还不如一张白纸般的年轻人。重活和累活都压在这个年纪的人身上。他们负重前行，如履薄冰，早上慌慌张张出门，像要去打仗一样紧张，晚上回到家里，家人都已经睡了。

新冠肺炎疫情进入第三年时，有些受疫情影响严重的行业已经快要顶不住了。餐饮业、旅游业、服务业（理发店、健身房、培训班）有人去楼空的，也有咬牙硬扛的。交通行业更是充满辛酸事例：跑长途的卡车滞留在高速公路上无法通行；飞行员和空姐的收入陡降；一场震惊全世界的东航 MU5735 航空器飞行事故，让航空业雪上加霜。大疫之下，基层干部和医护人员成了世界上最辛苦的人，熬夜加班采样已成日常。在医院，卷起来的不只是呼吸科、检验科，骨科大夫都要上一线做核酸检测。有些行业，也许有主动选择躺平的空间，但受疫情影响严重的行业却是在疫情中被"摔"平的，摔倒后，还没找到爬起来的支撑点。

焦虑是一个报警器

大时代下的个体焦虑，似乎困扰着每一个打工人。我们病了，病得不轻。这种焦虑，乍一看并不容易理解。毕竟，在过去40多年里，中国经历了高速经济增长，人们的生活水平大幅度提高。我们所处的这个时代，给每个中国人提供的机会也是越来越多的。在有些国家，一个人的人生轨迹可能从摇篮到坟墓都是可预见的：在哪里上学，去哪里上班，跟谁结婚，住在哪里。但在中国，一切皆有可能，生活日新月异。似乎最不应该焦虑的一代人，反而陷入了焦虑的处境，为什么呢？

心理学家卡伦·霍妮认为，焦虑和恐惧非常相似，它们都是对危险做出的情绪反应。不同之处在于，"恐惧是一个人面对必须面临的风险时做出的一种恰当反应，而焦虑则是对危险情境做出的不恰当反应，甚至是对想象中的危险做出的反应"[1]。

如果只是想象中的危险，人们究竟怕的是什么呢？他们害怕的是被社会抛弃。焦虑虽然是个人的情绪反应，但它是由我们这个时代特有的生活情境造成的。个体的经历会影响到一个人的情绪反应方式，但他之所以会有这样的情绪反应，很大程度上是因为受到了特定的社会环境和文化的影响。每一个时代，每一个社会的文化，都会本能地认为自己的情绪反应才是

---

[1] 卡伦·霍妮.我们时代的神经症人格.上海：上海文化出版社，2021.

唯一合理的。但事实上，每一种文化都是特殊的，而且不会一成不变。一个全盘否定工作价值的"三和大神"，如果是在另一种文化里，比如某个崇尚自然的部落中，可能就是司空见惯的。一个看到春暖花开就辞职踏上旅途的"95后"，在她的老板和职场前辈眼中是离经叛道的，但也许在她的同龄伙伴看来就是很正常的。

沿着这样的线索，我们不难找到焦虑的根源。我们焦虑是因为我们害怕跟社会的正常模式不一样。焦虑是一个报警器，当你感到焦虑的时候，说明你已经隐约感到内心的某些东西出了毛病。卡伦·霍妮说，焦虑"实际上是一种挑战，要求我们彻底地检视自己"[①]。但我们最反感的就是改变自己，所以，在需要积极做出改变的时候，我们会用其他的方式摆脱焦虑：一是进攻，二是放弃，三是顺从。

内卷、躺平和扑腾是焦虑的三种不同表现形式。内卷是想用进攻的方式消除焦虑，躺平是想用放弃的方式消除焦虑，扑腾是想用顺从的方式消除焦虑。

如果想用进攻的方式消除焦虑，就必须证明自己的情绪反应是合理的。一个内卷的职场人会说服自己，并不是我想内卷，而是别人都在内卷。你看，到处都有比你优秀还比你刻苦的人，你不卷怎么行呢？用这样的借口，就可以把责任转移给外部世界，不用正视和改变自我。用这样的自我暗示，就会让

---

① 卡伦·霍妮.我们时代的神经症人格.上海：上海文化出版社，2021.

人感到很骄傲，觉得自己很强大。

如果想用放弃的方式消除焦虑，就必须证明，之所以没有达到预期的结果，完全是因为外部的不可抗力。一个躺平的职场人会说服自我，我奋斗一辈子也没法在北上广深买下一套房，那是因为房价太高，我有什么办法。换言之，他也是把责任转移给了外部世界，这样自己才会觉得心安理得。他虽然会有一丝失落，但也会觉得自己看开了，看得比别人更明白。

如果想用顺从的方式消除焦虑，就要尽可能地回避。他会尽可能地不去想这件事。过一天算一天吧，该怎么着就怎么着吧。生病的人害怕去医院，怕水的人不敢学游泳。扑腾的职场人知道，成就感是自己最渴望的东西，但金钱是自己最需要的东西，所以，他根本不去考虑人生的使命和意义。他在压抑着自我，努力地把自己实际上极其在意的事情想象成其实并不重要。仿佛喝醉了就能忘记烦恼，他会觉得，按部就班地干活，劳累也能麻痹自己的意志。在生活中吃的苦头，对他来说也有直接的防御价值：既然我已经遭受了这么多的痛苦，那就不要再改变自我了。

"当事实改变之后，我的想法也随之改变。您呢？"[1] 托尼·朱特在《事实改变之后》这本书的序言中提到了这句据称是凯恩斯所说的话。诚然，事实已经改变了，但我们依然固守着陈旧的认知模式。这个矛盾不解决，不管我们选择的是内

---

[1] 托尼·朱特. 事实改变之后. 北京：中信出版社，2017.

卷、躺平还是扑腾，到头来都摆脱不了焦虑。

"好工作"神话

有一个陈旧的认知模式束缚了我们的观念和行为。这个陈旧的认知模式就是"好工作"神话。坚信"好工作"神话的人会认为：只要个人努力，就一定能出人头地。正所谓"爱拼才会赢"。这个"好工作"神话的反命题是：如果你没有出人头地，没有找到好工作，就需要检讨一下自己有没有足够努力。

如果进一步地拆解，"好工作"神话可以表述为一个公式：

个人努力＝好好学习＝上好大学＝找到好工作＝出人头地

在过去几十年里，人们往往会把一个人的个人努力等同于好好学习。上一代教育下一代说，只要好好学习，就能考上好大学，考上好大学，就能找到好工作，找到了好工作，一辈子就有了安全保障，能获得丰裕的收入，也能提升社会地位，最终归结为"出人头地"。简言之，文凭是阶梯，是通行证。

在"好工作"神话的框架下，人生就像游戏中的打怪升级。好好学习、上好大学、找到好工作，是按照先后次序要做的三个主线任务，做完了这三个任务，经验值攒够了，就可以顺利升级了。反之，如果你连这三个主线任务都不做，怎么可能升级呢？

乍看起来，我们可以举出很多成功案例，证明"好工作"

神话的存在。比如，以学习成绩为标准的高考，仍然是中国社会最为公平的选拔制度。无数"小镇做题家"可以通过拼命刷题考上大学。文凭不是万能的，但没有文凭是万万不能的。招聘的时候，文凭还是敲门砖，越好的学校，文凭越"香"。名校的毕业生，似乎找到的都是光鲜亮丽的工作。

但是，时代已经变了。如果你仔细去看就会发现，如今，这个公式中的每一个等号，都变成了不等号。

个人努力≠好好学习。学生需要学习的不仅仅是学校里教的课本知识，走出校门进入社会之后，他会发现，在社会中的生存能力可能比专业知识更重要。这种在社会中的生存能力，就是心理学家所说的"社会化过程"，也就是说，每个人最终都要找到自己在社会中的定位。孩子的"社会化过程"，很大程度上是在上学的时候完成的，但这种能力的培养，却一直被老师和家长所忽视。职场上需要的技能和知识，也不可能全部在学校里学会。受教育的时间短，职业生涯长，而且很多专业知识的"半衰期"很短，很快就会过时，于是，你必须不断更新技能和知识。真正的个人努力，不只是在上学的时候当个好学生，而是要把自己培养成终身学习者。更多有用的东西，都是在进入职场之后，从实践中学到的。

好好学习≠上好大学。如果说能不能考上好的大学，完全取决于学习成绩，那么理论上，各地学生的升学率应该是一样的，大学里城市孩子和农村孩子的比例也应该是一样的。但事实却是大城市的升学率显著高于中部人口大省，大学生里城市孩子的占比远远高于农村孩子。因为高考的赛制规则本来就不是绝对公平的。在西藏、宁夏，高考算是轻松模式，但在河南、广东这些人口大省，高考就是地狱模式。除了这种显性的规则不平等，还有一种隐性的规则不平等。在当前的教育体系下，农村孩子（特别是偏远地区的孩子）和城市孩子之间，在可获得的教育资源上相差悬殊。比如说，学英语当然很重要，北京、上海这些大城市里的孩子，学英语可以直接找外教，而大山里的孩子呢？他们去哪里找外教？

上好大学≠找到好工作。从现在的就业市场来看，有好大学的文凭，确实代表着更大的胜算。用人单位在公开招聘要求里，也会点名要"211""985"院校的毕业生，甚至得是清华、北大、上交、复旦的毕业生。但是，以后这种趋势很可能会发生变化。

招聘者的想法会发生变化。很多企业已经回过神来，不再盲目崇拜清华、北大、上交、复旦这些名校。一位人力资源部经理告诉我，他们已经不再愿意招聘清华、北大的学生，因为这些名校的学生往往自视甚高，但到了工作中又眼高手低，而且，很多名校的学生不愿意在一家企业踏踏实实地干下去，只要有更好的位置，他们就会立马跳槽。有些企业，比如华为，早就发现了这一点。华为招聘员工时，喜欢招像武汉大学、华中科技大学这些生源素质很高，但学校牌子相对被低估的大学的毕业生。有的企业还喜欢招家境贫寒的孩子，觉得这些学生更务实、更能吃苦、更有奉献意识。

求职者的想法也会发生变化。你可能已经注意到了，抱怨内卷的，往往是扎堆在互联网大厂、大型金融机构工作的名校毕业生。正是因为这些企业一直爱招名校毕业生，造成扎堆效应，反而让新员工在企业里更难找到出头的机会。名校毕业签约大厂，新手期意气风发，待上一段时间就进入职业倦怠期。于是，一部分人开始逃离内卷，他们更注重自我的追求，不在意别人的眼光。有些名校毕业生去了工厂，也有一些名校毕业生去了边疆。这个世界，原本就比我们想象得更为广阔。找到属于自己的舞台，才能更好地施展才华。

找到好工作≠出人头地。很多看起来光鲜亮丽的工作，已经变得暗淡无光。好工作的供给量减少了，含金量也下降了。

就业可能比以前更灵活，但工作却不如过去稳定了。像网约车、呼叫中心这样的"零工经济"（Gig Economy）的出现，号称给人类提供了更自主地掌控时间的可能性。开着自家的车，也能接到接送客人的单子；坐在自家的客厅里，也能接听客服电话。新冠肺炎疫情之下，远程办公、视频会议风行一时，工作似乎比过去更便利了。但是，我们必须看到，这种灵活就业也让工作中的个人无法得到同侪支持（有些工作甚至不再有"同事"的概念），或者无法获得传统企业模式下的福利和保障。工作时间和个人生活时间的界限消失了，但人们拥有的闲暇时光不但没有增加，反而日渐减少。

工资可能比过去高了，但生活质量却下降了。对于这一点，在一线城市打拼的"打工人"可能痛感更强，房价上涨的速度总是比工资上涨的速度快。很多年轻人被迫长期租房，或在交通不便的偏僻郊区买房，他们付出的代价是每天要忍受漫长而无聊的通勤时间。这是一个世界范围内的奇特现象：经济发达之后，工作时间反而增加了。这个现象最初被注意到，是在20世纪80年代之后。看看美国、加拿大、比利时、法国、德国、意大利、荷兰、瑞典、英国等十多个国家的统计数据，你会发现，在过去的40多年，工人的工作时间越来越长，竞争压力越来越大。[1] 别说生活质量了，生活本身都快被挤没了。

有些工作，虽然收入不错，似乎社会地位也不低，但干这些工作的人知道，这些工作毫无意义。他们没有为社会做出任何贡献，甚至可能没有为公司创造出什么价值。美国人类学家大卫·格雷伯把这类工作称为"狗屁工作"（Bullshit Job）[2]。有些工作之所以存在，只是为了让身居要位的老板自我感觉良好，比如很多无事可做的接待专员、行政助理。有些工作之所以存在，是为了窃取财富，比如网络诈骗、水军、传销。长期从事"狗屁工作"，会让人感到彻底的绝望和抑郁。

---

[1] 森冈孝二. 过劳时代. 北京：新星出版社，2019.
[2] 大卫·格雷伯. 毫无意义的工作. 北京：中信出版社，2022.

过去的经验,还是留给过去吧

1998年,一群华盛顿大学的商科学生问当时世界上最富有的两个人——比尔·盖茨和沃伦·巴菲特,让他们取得成功的最大因素是什么,两个人的回答是:"在美国出生和长大。"个人的努力,比不上时代提供的机遇。你有多大的成就,更多取决于你所处的时代能提供多大的舞台。同样是中国人,一个出生于1900年,一个出生于1980年,一生的经历是天差地别的。同是一个时代的人,一个出生于索马里,一个出生于中国上海,一生的经历也会有天壤之别。

"好工作"神话之所以流行,是因为有一个独特的时代背景。这个独特的时代背景就是中国经济的崛起。但是,从大历史的角度来看,中国经济的崛起并不是必然发生的:我们恰好在正确的时间做了正确的事情。对中国经济崛起贡献最大的举措,就是20世纪90年代中国的全面对外开放。那时中国又恰好遇到了互联网革命带来的经济全球化高潮,意外地获得了更多的国际分工机会,以及冷战结束带来的地缘政治红利,美欧国家欢迎中国加入国际经济体系。假如中国提前20年对外开放,或是推迟20年对外开放呢?提前20年对外开放,还没有出现全球供应链,像中国这样的发展中国家很可能会被锁定在出口初级产品的低端产业陷阱里。推迟20年对外开放,经济全球化的黄金时代已经一去不复返,想开放也无法进入国际市场。

由于在正确的时间做了正确的选择，中国才经历了一段狂飙突进的经济高速增长时期。经济高速增长的结果是，"好工作"的供给量增加了。对进城务工人员来说，能够离开农村到工厂里打工，是"好工作"。对刚毕业的大学生来说，新兴的金融、地产、科研、教育行业提供了"好工作"。这些过去从来没有的新就业机会，吸纳了大量新增加的劳动力，而且提高了他们的收入水平。一个从未出现过的中产阶级慢慢地出现、壮大起来。在这个独特的历史时期长大的人，根据自己的亲身经历，发自肺腑地相信"好工作"神话是一个放之四海而皆准的法则。

相信只靠个人努力就能出人头地，是只有经历了高速经济增长时期的人才会有的一种幻觉。过去的经验还是留给过去吧。"好工作"神话已经破灭了。它究竟是怎么破灭的？接下来你会看到，经济换挡、新技术革命和社会阶层固化这三个变量，打破了原来乐观、天真、田园牧歌式的"好工作"神话。

经济换挡，好工作更少了

简单的经济学规律：经济增长速度越快，能创造出来的就业机会就越多，所以，经济增速和失业率应该存在一种负相关关系。经济繁荣则失业率低，经济低迷则失业率高。

奇怪的是，这个规律似乎在中国失效了。中国经济已经告别高速增长，进入增速相对缓慢的时期。在新冠肺炎疫情的影响下，中国经济更是出现了短暂调整。按道理来说，经济低迷应该引起失业率上升，但事实上，中国的城镇调查失业率只在2020年小幅度上升，到了2021年下半年，经济增速明显下降，但失业率一路走低，甚至低于疫情暴发前的水平。

这是怎么一回事呢？有人说是统计口径的问题，官方的调查失业率口径规定得比较宽松，在调查前一周这个时间段，有过一个小时的有偿劳动就算就业。但是，其他国家，比如美国和澳大利亚，也是这样统计失业率的。如果统计口径没有变化，相对宽松的就业标准只会影响到失业率的绝对水平，不应该影响其变化趋势。那么，为什么失业率对经济下行的反应不灵敏呢？

不是都不灵敏。受到新冠肺炎疫情的影响，有些群体的就业情况明显变差。有些行业会出现小微企业关停、员工失去工作的现象。服务业受到较大冲击，住宿、餐饮、租赁、商务服务，以及航空、水路、道路运输等行业，就业形势都变得更为艰难。但有的行业就业情况反而有所改善，比如出口形势很好的时候，出口部门还在扩大招工。有喜有悲，这就缓冲了新冠肺炎疫情对总体就业形势的影响。

但最重要的原因不在这里。究其根源，失业率不灵敏，是因为中国独特的就业结构。城镇居民的就业情况相对容易统计，更难统计的是进城务工人员的就业情况。如果农民外出务工，他们是在第二三产业就业，但如果他们失去了工作，回到农村，就会被算成在第一产业就业。可是，外出务工的收入是显著高于在家务农的。①

经济低速增长有没有影响到进城务工人员的就业呢？当然有了。2020年进城务工人员总量为2.86亿，同比下降1.8%；2021年进城务工人员总量为2.93亿，同比上升2.4%。算下来，这两年进城务工人员总量的平均增速为0.3%，尚未恢复到新冠肺炎疫情暴发前的水平。更别忘了，受到疫情的影响，外出务工的人数减少，跨省流动下降尤甚，而外出务工者的月均工资要高出20%~30%。也就是说，对于进城务工人员来说，工作不好找了，有的人干脆就不找了，这就导致这部分人的劳动参与率下降。进城务工人员的劳动参与率下降，使得农民的收入难以提高，这就影响到国内需求，导致内需不足。

从进城务工人员的就业变化情况能够看出，只看经济增长速度和失业率的数据，容易忽视经济增长放缓对就业的真正影响。不能只盯着失业人数的多少，还要看到找工作更难了，好工作比原来少了。受到这种打击的不仅仅是进城务工人员。国有企业和事业机关的工作虽然相对稳定，一般不会大规模裁员，但新冠肺炎疫情来了，也有员工的工资下降，有些是因为无事可干，使得劳动时间减少。在"双减政策"背景下，培训行业员工大量流动，他们即使在其他行业找到了新的工作，收

---

① 卢锋，《中国就业与宏观波动》，2021年12月20日，财新网。

入也可能会大幅度下降。经济低迷，也使"好工作"神话加速破灭。

坐快车和坐慢车的年轻人

进一步分析，我们会发现，更值得关注的社会现象是：经济低速增长，导致年青一代的失业率急剧上升。

从数据上看，2020年，16~24岁人口就业人员月均调查失业率较2019年上升2.3%，达到14.2%，2021年继续升高至14.3%，2022年达到18.4%。2020年和2021年，城镇调查失业率分别为5.6%和5.1%。两相对比，就能看出，年青一代的失业率大大高于城镇调查失业率。年轻人工作经验不足，懵懵懂懂，显得颇为稚嫩，这使得他们天然在就业市场上处于劣势，这可能是年轻人失业率较高的部分原因，但年青一代的就业困境已经成为一个不容忽视的社会问题。2022年，局势不仅没有好转，反而变得更加严峻。每年新增的就业人口中，绝大多数是刚毕业的大学生。2021年高校毕业生就已经多达909万名，2022年创造了新的纪录，高校毕业生达到1 076万名，2023年则达到1 158万名。这股洪流，一浪高过一浪。

或许有人会说，他们还年轻，以后总有机会。就算经济低迷，也就是熬几年的时间，等到经济形势好了，就有更多的就业机会。年轻人先吃几年苦，苦尽总会甘来。

经济繁荣时期进入社会的年轻人,像赶上了一趟快车。经济衰退时期进入社会的年轻人,像赶上了一班慢车。坐快车和坐慢车的年轻人不一样。绝大部分坐慢车的乘客,只能眼睁睁地看着自己和别人的差距越来越大。同样的学校、同样的专业,师兄师姐早毕业几年,赶上了好年头,找工作很顺利,在职场上干得风生水起;师弟师妹晚毕业几年,连简历都投不进去,找到的工作低于自己的预期,一上来就先蹉跎个几年。等到经济形势好转,升迁的机会还是会被师兄师姐拿去,因为他们更有经验,早就干出了成绩。坐慢车的师弟师妹有啥能拿得出手的?啥都没有。

出发的时候,快车和慢车的发车时间可能只差了几分钟,但在之后的行程中,慢车站站停,还要给快车让道,差距就会越拉越大。一场全球经济衰退对大学毕业生收入的冲击,要到十几年之后才能逐渐抹平,但人的一生中,实际收入的 2/3 是在事业开启的前 10 年挣出来的[①]。

20 岁是人生敏感多变的年纪。20 岁上下不期而遇的一场全球经济衰退,可能从此改变一代年轻人的命运。一批批刚步入社会的年轻人,就像诺曼底登陆时候的士兵,还没有来得及爬到岸上,就已经被无情的子弹撂倒了。

从某种意义上讲,这是对挫折和磨难准备不足的一代人。

---

① Don Peck. How a New Jobless Era Will Transform America. *The Atlantic*, March 2010.

过去二三十年，教育的理念越来越宽松、自由。老师和家长推崇的是快乐教育。这一代孩子，从小就在赞美和鼓励中长大。在这种环境下，他们的自我意识越来越强，每个人都认为自己生来就是要享受美好生活的。社会学家简·特温格把这一代人称作"自我的一代"（Generation Me）。这或许是给这一代年轻人的最好标签。[1] 根据 2009 年的一份调查，在美国，74% 的孩子认为自己比别人漂亮，79% 的孩子认为自己比别人聪明，40% 的孩子认为自己到 30 多岁的时候能一年挣 7.5 万美元。事实上，那一年 30 岁的就业者的收入中位数只有 2.7 万美元。很难想象，这些孩子怎么面对日益暗淡的前途。

年轻人失业带来的世界范围的社会问题，才刚刚显露出来。经济学家保拉·朱利亚娜和安东尼奥·斯皮林贝戈的一份研究报告指出，经历了衰退的年轻人会改变自己对社会和政治的看法，而且将从此固执地坚持自己的观点。[2] 经济高速增长时期的一代人和经济低迷时期的一代人之间的代沟会越来越深。经济高速增长时期的一代人感到很惊讶：难道年轻人已经不相信个人奋斗了吗？经济低迷时期的一代人会说：是我的错吗？我哪里不努力了？我哪一方面不如你们？为什么在你们那个时候，遍地都是机会，而到了我们这一代，机会全被上一代

---

[1] Jean M. Twenge. *Generation Me: Why Today's Young Americans Are More Confident, Assertive, Entitled—and More Miserable Than Ever Before*. Atria Books, 2007.
[2] Paola Giuliana and Antonio Spilimbergo. "Growing up in a Recession: Beliefs and the Macroeconomy". IZA DP No. 4365, 2009.

人拿走了？时代的风气就此改变。从历史经验来看，经济低迷时期的一代人更加关注社会不平等，总是觉得比起个人努力来说，运气才是最重要的。

青年人失业已经成为一个全球现象。国际劳工组织的一份报告显示，目前世界上近13亿青年人中，约有2.67亿人处于"无工作、无学业、无培训"的"三无"状态。全球青年失业率约为13.6%，另有4 100万名青年属于"潜在劳动力"，他们要么暂时无法到岗，要么已经放弃了求职。15~24岁的青年人失业的可能性是25岁以上人口的三倍。[①] 全世界的每一个角落，都充斥着一些失业青年。北非和中东国家，青年失业率曾经平均高达25%。西班牙是欧洲危机较为严重的国家之一，青年失业率曾经达到40%。历史上，大量年轻人失业与社会动荡的出现存在高度相关性。据说马丁·路德发动宗教改革运动的时候，最主要的支持力量就是失业的年轻人。1968年席卷全球的社会动荡，其实就是骚动不安的年轻人的疯狂聚会。全球金融危机爆发之后，在美国如火如荼的占领华尔街运动主要的参与者也是年轻人。

经济低迷时期长大的这一代人，将会对全球未来的社会、经济、政治走势带来深远的影响。如今，这一切只是开始。

---

① International Labour Organization. "Global Employment Trends for Youth 2020: Technology and the future of jobs", March 9, 2020.

***

经济增长有起有落，新冠肺炎疫情已经过去。如果你关心的不仅仅是经济波动给就业带来的短期影响，而是整个职业生涯，比如说，你是个刚刚进入职场的年轻人，关心的是未来三四十年会遇到什么样的挑战，那就要把时间尺度调整一下。在三四十年这样长的时间尺度里，有两个变量最重要，一个是科技，一个是人口。科技会进步，生育率会下降，这两个变量都会动摇看似稳定的中产阶级的地位。

科技革命会带来阵痛期

科技进步好不好呢？当然好了！科技进步提高了劳动生产率，所以会推动经济增长。科技进步也能带来很多生活便利。一个生活在现代社会的中产阶级家庭，能享受到的产品和服务是古代的君主都无法想象的。

但是，科技进步能不能马上给人们带来各种好处呢？不能。当重大的科技革命出现的时候，就会摧毁原来的经济体系，重塑一个新的经济体系，而在这个过程中，会出现很多动荡，甚至危机。

我们来看一下工业革命的历史。在工业革命如火如荼的那段时间，经济增长了，但增长带来的收益并未流向劳动者。

1780—1840年，英国工人的人均产量提高了46%，但实际周薪仅上涨了12%。考虑到这段时间工人平均的工作时间还增加了20%，相当一部分工人的实际周薪其实并没有增长，反而下降了。[①] 如果说这组数据还不够有说服力，再看一个更直观的数据：1850年的英国男性比1760年的英国男性更矮。在其他条件相同的情况下，营养更好的人会长得更高，所以，成年人的身高可以作为人民物质生活水平的代表指标。这说明，从物质生活水平来看，很多普通工人家庭的生活水平变得更差了。工业革命带来的收益大多落入了资本家的钱囊里。从1759年到1867年，英国最富有的5%人口收入占总收入的比重从21%上升到37%，几乎翻了一番。

你要是想了解这段时期工人阶级的真实生活情况，不妨读一读恩格斯在1845年出版的《英国工人阶级状况》。经济史学家把这段时期称为"恩格斯停顿"。有意思的是，后来，"恩格斯停顿"突然消失了。是什么时候消失的？恰好是恩格斯出版《英国工人阶级状况》的时候。1840—1900年，英国工人的人均产能提高了90%，实际工资提高了123%。工资增长终于追上了经济增长。

为什么工人的实际工资最终出现了增长呢？这可以借助两位经济学家——达龙·阿西莫格鲁和帕斯夸尔·雷斯特雷波的理论加以解释。阿西莫格鲁和雷斯特雷波区分了两种技术进

---

① 卡尔·贝内迪克特·弗雷. 技术陷阱. 北京：民主与建设出版社，2021.

步，一种是使能技术，一种是取代技术。[①]打字机创造了打字员的工作，汽车创造了驾驶员的工作，计算机辅助设计软件能够让工程师和设计师更高效地工作，这些都是使能技术；动力织机取代了手工纺织工人，电灯取代了城市里专门点煤气灯的灯夫，自动电梯取代了电梯操作员，这些都是取代技术。19世纪初期出现的新技术大多是取代技术，这就导致了大量的工作岗位消失。19世纪后半叶，使能技术更多，蒸汽动力使得工厂里的机器变得更加复杂，比如说，蒸汽织机代替了手摇织机，儿童无法操作这种机器，在工厂里工作的成年人数量才开始增加。随着工厂的数量和规模的增长，出现了很多全新的岗位：经理、会计、秘书、机械工程师、机床操作工等，好工作才逐渐增加。

这段历史告诉我们一个好消息和一个坏消息。好消息是：科技革命带来的阵痛期终究会过去；坏消息是：这个阵痛期可能要持续三四十年的时间。

中产阶级会受到最大的冲击

未来，人工智能、大数据、智能制造、自动驾驶，以及很多我们可能还没有看清楚的新技术，将百川东到海，带来一场

---

① D. Acemoglu and P. Restrepo. "Artificial Intelligence, Automation and Work". *NBER Working Paper* 24196, 2018.

新的技术革命。这场新技术革命，会重蹈当年工业革命的覆辙吗？

新技术革命和工业革命会有相似之处，也会有不同之处。相似之处是，它们都会降低对技能的需求。不同之处在于，工业革命时期受到最大冲击的是熟练技工，新技术革命的到来，受到最大冲击的是传统意义上的中产阶级代表——白领阶层。

在工业革命时期，受到冲击最大的是熟练工人。精于算计的资本家会解雇熟练工人，雇用更多的童工。童工的薪酬只有成年工人的1/3，甚至1/6，更何况还有很多童工没有收入，只包食宿。童工也好管教，不像成年男子那样有酗酒风险。但其中最根本的原因是什么？是技术进步降低了对技能的需求，原来必须由熟练工人干的活，现在童工也能干。

后来，熟练技工逐渐消失，但慢慢地出现了很多新的职业，比如会计、打字员、推销员、银行职员、大学老师，这就促成了一个新的社会阶层的出现，有人把它叫作"白领"。无论是从收入，还是从社会地位来看，他们都处在富裕阶层和底层的中间，他们是中产阶级。

新一轮技术革命和工业革命一样，也会降低对技能的需求。只不过这一回，新技术革命降低的是对"白领"的需求。

最容易被替代的工作不是保姆、清洁工、水暖工，而是白领职业。你是一名会计，你能做会计报表，机器也能做；你是一名证券分析师，你能做股票行情分析，机器也能做；你是一名医生，你会看病人的CT（计算机断层扫描）片子，机器也能做。

所以，未来会出现一条U形曲线：底层工作的收入水平会提高，因为随着收入水平的提高，脏活、累活大家都不愿意干，你就得多花钱。富裕阶层的收入水平会提高，因为这是一个赢家通吃的游戏。受到最大冲击的就是这些传统意义上的中产阶级。刚刚毕业的大学生最缺乏工作经验，他们在大学里学到的知识一出校门就会过时，他们寻找的工作最容易被人工智能替代。哪怕已经工作了一段时间，甚至连工作得很顺利的白领，也可能突遭变故，失去工作。有人因为遇到经济衰退，丢掉了工作；有人因为企业重组，丢掉了工作；有人仅仅因为工资太高，丢掉了工作，而这就像用童工换掉熟练技工一样，雇主愿意用工资更低的实习生换掉部门经理。这些心怀美好梦想的中产阶级和准中产阶级，如今都扒着墙壁看着脚下，生怕掉进谷底。

再来看看人口。人口的变化趋势甚至比科技进步更容易预测。到现在为止，我们还说不清楚哪种新技术才是未来的主导，但看看这一年的人口出生数据，你就能推断出18年后，那一届高考的竞争激烈与否，你甚至还能推断出这一代人长大之后会生多少个孩子。

2021年第七次全国人口普查的结果让更多的人意识到人口问题的重要性。简单地说，这次全国人口普查告诉我们两件事情：一是少子化，二是老龄化。2020年我国育龄妇女的总和生育率只有1.3，比一些欧美发达国家的水平都低。我国60岁及以上人口占比为18.7%，65岁及以上人口占比为13.5%。这说明我们正在加速进入人口老龄化社会，而且已经进入深度老龄化阶段。

少子化、老龄化并非只是中国才有的现象，而是一个全球现象。像西班牙，曾经是欧洲生育率很高的国家之一，现在却是欧洲生育率垫底的国家之一。就连印度、尼日利亚，再过几年也会步入中国走过的路。

这又会带来什么影响呢？这会加固我们刚刚提到的U形曲线。那些劳动力密集型的"低端"工作会更缺人。物以稀为贵，所以，没有受过高等教育，愿意干脏活、累活的工人，收入会更高。读过大学的人可能会觉得自己接受过高等教育，理应收入更高，但别忘了，大学文凭值钱的时候，没有多少人能读大学。现在呢？几乎人人都读了大学，文凭就不值钱了。

以前，中产阶级的职业生涯就像登台阶，一阶一阶，拾级而上，总会有到达社会顶层的机会。现在，中产阶级的职业生涯更像是攀岩，一步走错，就会摔下来。除了少数人能够成功登顶，大多数人都不得不思考一个从未想过的问题：万一我掉下去了怎么办？

收入分配是 21 世纪的头等大事

假如你有了孩子,你关心的不仅仅是自己的职业生涯,还要操心孩子长大以后过得好不好,那就要看得更远,你需要看到 21 世纪的末尾,那还有六七十年的时间。六七十年,山川巨变,怎么才能看得更清楚呢?

你需要抓住一条主线:收入分配。拉长历史视野,你会看到,19 世纪是个贫富悬殊的年代,人们关心的问题不是经济增长,而是收入分配。到了 20 世纪,大部分人更关心经济增长,而不太关心收入分配。进入 21 世纪,贫富差距又在拉大,收入分配再度成为热点问题。

20 世纪是一个极为特殊的历史时期。20 世纪上半叶,贫富差距奇迹般地缩小了。这是一个看上去同时实现了经济增长和社会公平的年代。这种乐观情绪也感染了经济学家。1954 年,美国经济学家库兹涅茨在美国经济学会年会上发表演讲,他用新收集的数据指出,1913—1948 年,美国收入最高的前 10% 人口每年的收入在国民收入中所占的份额下降了近 10 个百分点。基于这个观察,库兹涅茨提出了自己的观点:虽然在经济增长初期,收入不平等程度有可能上升,但市场经济会自发纠正这种趋势。过了一个拐点,经济增长会自动带来收入不平等程度的下降。这就是著名的"库兹涅茨曲线"①，这条曲线的形状是倒 U 形：收入不平等曲线先是随着经济增长上升，然后再随着经济增长下降。

这一判断让很多人备受鼓舞，但事后来看，库兹涅茨过于乐观了。是的，在 20 世纪上半叶，收入不平等程度有所下降，但为什么会这样呢？你可以回想一下，20 世纪上半叶发生了什么事情：1914 年爆发了第一次世界大战，1929 年是股灾，1933 年进入了大萧条，30 年代末期又爆发了第二次世界大战。20 世纪 50 年代和 60 年代的市场经济并不完全自由放任，而是受到政府的管制。所有这些灾难、危机和调整，都会摧毁巨额财富。在经历了一系列沉重的打击之后，贫富差距才开始缩小。这意味着，资本主义本身并没有缓解收入不平等的能力，20 世纪上半叶贫富差距的缩小，是暴力、经济危机、政治动荡的结果。

好景不长。进入 20 世纪七八十年代之后，收入不平等程度逐渐加剧。法国经济学家皮凯蒂指出，如果拉长历史来看，收入不平等的历史趋势不是倒 U 形，而是 U 形的，也就是说，19 世纪收入不平等程度很高，20 世纪收入不平等程度有所缓解，但到了 21 世纪，收入不平等程度再度升高。② 按照皮凯

---

① 库兹涅茨曲线是美国经济学家西蒙·史密斯·库兹涅茨于 1955 年提出的关于收入分配状况随经济发展过程变化而变化的曲线，是发展经济学中重要的概念。
② 皮凯蒂.21 世纪资本论.北京：中信出版社，2014.

蒂的说法，导致收入不平等程度升高的最主要因素是资本的收益率超过了劳动的收益率。劳动者获得的收益，也就是工资，大体上是和 GDP（国内生产总值）增长率同步的，工资的增长速度不可能长久地超过国民经济的增长速度。但资本的收益率就不一样了，没有人能规定资本收益率的上限。用一句俗语来说，人赚钱很难，但钱赚钱很容易。当然，导致收入不平等程度加剧的因素不止这一个。从 20 世纪 80 年代开始，对市场经济放松管制，对富人征税的税率不断调低，全球化带来的竞争夺走了一部分工作，技术进步又替代了另一部分工作，这都会加剧贫富分化。所有这些因素汇集起来，导致收入不平等成为 21 世纪最值得关注的一个经济现象。

他们比我们有钱

这跟我们子孙辈的职业生涯又有什么关系呢？

我们需要再了解一条曲线——了不起的盖茨比曲线。了不起的盖茨比曲线讲的是收入不平等和阶层固化之间的关系。2012 年，奥巴马总统的经济顾问委员会主席艾伦·克鲁格在一次演讲中向公众展示了这一曲线。[1] 艾伦·克鲁格给大家看了一张图，横轴是各国的收入不平等程度，纵轴是跨代收入弹

---

[1] Alan Krueger. "The Rise and Consequences of Inequality in the United States", January 12, 2012.

性，也就是说，下一代的收入水平在多大程度上受上一代收入水平的影响。这张图显示：收入不平等程度越高的国家，阶层固化越严重。

为什么这条曲线叫了不起的盖茨比曲线呢？当艾伦·克鲁格画出这张图之后，他想要找到一个吸引人的标题，于是就发动手下集思广益。两位年轻人想出的"了不起的盖茨比曲线"这个名字，被艾伦·克鲁格采纳了。作为奖励，他送给这两位年轻人一瓶美酒。《了不起的盖茨比》是美国作家菲茨杰拉德的杰作。盖茨比是个出身贫寒但野心勃勃的年轻人，为了得到富家女黛西的爱情，他一直很努力，也赚了大钱，却无法避免被无情抛弃的结局。毕竟，阶级的门槛是很难跨越的。据说，菲茨杰拉德和海明威年轻的时候一起聊天，菲茨杰拉德说："富人跟我们不一样。"海明威说："是啊，他们比我们有钱。"

过去，我们总是想象，一代又一代人会不断地向上攀登。就像发射火箭一样，上一代人是火箭助推器，一节一节向上推送，直到火箭最终到达运行轨道。过去，我们总是想象，下一代人的生活水平、社会地位一定会比上一代人更高。了不起的盖茨比曲线告诉我们，已经越来越难实现阶层跃迁了。

不是还有教育吗？贫寒子弟想要出人头地，最好的办法就是好好学习。上最好的中学，上最好的大学，就能跻身更高的社会阶层。但是，现在好中学、好大学的概念不属于公共教育，而是精英教育。从历史上看，精英教育从不是为了打破阶层而生，相反，它是固化阶层的工具。

高收入家庭在子女教育方面投入更多，他们能选择更好的教育资源，也能负担得起日益高昂的学费和培训费。在学校里，高收入家庭的孩子不需要打零工、做兼职，可以把精力集中在学习和社交上。为了获得更丰富的社会经验，他们也能接受无薪实习。这些孩子在精英教育体制里更如鱼得水，表现得更为突出。

精英教育的隐性优势在于，从招生到学校的学习方式，再到毕业之后的招聘，都为高收入家庭的孩子开辟了一条秘密通道。常春藤名校在招生时，越来越不单纯以成绩为准绳，而是强调个性和综合素质。我们前面提过，由于社会阶层的差距，贫寒人家和中产阶级的孩子要比拼刻苦学习程度，但高收入家庭的孩子则能把更多的时间用于课外活动和社会交际。于是，后者更容易显得自信、自律、视野广阔。通过对国外精英教育的体察，我们不难发现，精英统治的关键就是等级制度，而所谓上等阶层的孩子在学校里学习的就是对等级制度的微妙体察。他们看重的是辨识细微差异的能力，比如对美酒美食、古典音乐、某些体育竞技的鉴赏能力，这些知识与智慧、高雅毫无关系，但却是非常有用的信息甄别机制，能够甄别出不属于这个阶层的外来者。[1]

---

[1] 西莫斯·可汗.特权：圣保罗中学精英教育的幕后.上海：华东师范大学出版社，2016.

社会学家劳伦·里韦拉在研究招聘制度的时候发现，像顶级律师事务所、投资银行、咨询公司这些人人羡慕的"好公司"，在招聘的时候看重的不是简历，甚至不是个人能力，而是灵魂伴侣：与公司同事具有同样价值观、思想和"血统"的人。比如，招聘官会因为求职者和自己一样都是红袜队的球迷而录取他。[1] 如果求职者的爱好更符合上流社会的趣味，比如听古典音乐、玩帆船，那么比起那些爱好听起来更像工人阶级背景的候选人（比如听乡村音乐、打篮球），前者更容易获得面试机会。

虽然还有很多人愿意相信，只要有过人的智慧、不懈的努力和坚韧的性格，就能跻身社会的顶层，成为人生的赢家，但事实却恰恰相反，从低收入阶层跃迁到高收入阶层，或是从高收入阶层跌落到社会底层的概率都很小。这对很少一群已经占据顶层的人来说是好消息，但对大多数人来说却是坏消息。当经济高速增长，收入分配相对公平的时候，自然会有更多的人相信个人奋斗，整个社会的面貌会积极乐观；而当经济低迷，收入不平等程度加剧的时候，就会有越来越多的人陷入迷茫：成功到底是靠拼搏还是靠"拼爹"？这种迷茫，会让一个社会变得更萎靡，潜在的矛盾更激化。

---

[1] 劳伦·里韦拉.出身：不平等的选拔与精英的自我复制.桂林：广西师范大学出版社，2021.

时代变了,你也要变

经历了经济高速增长时期的人会相信"好工作"神话:只要好好学习,考上好的大学,就能找到好的工作。好的工作不仅能带来丰厚的经济收入,而且能让一个人找到自己的社会地位,发现人生的意义。

当经济由高速增长转为低速增长,好工作的供给就减少了。低速时期对刚进入职场的年轻人的打击尤其大。坐慢车的一代人很难赶上坐快车的一代人。于是,衰退一代人的观点和追求,就会迥异于繁荣一代人。

当技术进步呼啸而来,会进一步侵蚀看似稳定的中产阶级的工作。收入最高的一小部分人会越赚越多,甚至只干脏活、累活的非熟练劳动力,以后的收入也会逐步提高,岌岌可危的反而是处于中间位置的白领。中产阶级的衰落,将带来深远的社会经济影响。

当市场经济完全不受羁绊之后,贫富差距将越拉越大,没有任何一种自发的机制能将其缩小。收入越不平等,社会阶层固化就越严重。令人羡慕的好工作,一大部分会被精英阶层占据,低收入阶层和中等收入阶层想要实现跃迁,以后将越来越难。

时代变了,不能再守着"好工作"神话做梦了。

这些当然都不是什么好消息,但本书不是为了让你更焦虑。相反，我写本书的目的是让你不焦虑。

我们之所以焦虑，是因为总责怪自己。这种自责无处不在，噬咬着我们的心灵。没有办法在北上广深买得起房子；没有办法让孩子上最好的学校；选错了行业，眼看着过去如日中天的行业一步步走下坡路；选错了企业，要是当初再大胆一些，经验再丰富一些，能进入心目中最好的那家企业就好了。这类自责会让我们贬低自己，一点点失去自信，就像搁浅在岸边的船，慢慢地生锈。

＊＊＊

本书要告诉你，这不是你的错。你之所以如此疲惫，又如此脆弱，你们这一代人的工作不如上一代人那样稳定，拥有的机会不像上一代人那样多，压力比上一代人更大，并不是因为你们犯了什么错，而是因为超越个人力量的宏观情况发生了改变。

我们之所以焦虑，是因为别人带来的压力。人是一种社会动物，而且是一种很容易被别人欺骗，甚至自我欺骗的社会动物。在这个物质丰裕的时代，你所焦虑的并不是缺少生存所必需的物质，你并不缺吃少穿。让你焦虑的是别人的眼光和议论。成功总是相对而言的，所以一定会有看起来比你更出色的人。优秀的人值得我们学习，但总有成功者会炫耀自己的成功，如同孩子炫耀自己的新玩具。他们不仅炫耀成功带来的物质享受，也会炫耀自己的才干。在他们看来，一切成功皆归于自己的不凡。媒体的造神运动让你对此深信不疑。看看别人，再看看自己，让你万念俱灰。最大的挫败感来自和别人的攀比。人比人，气死人。于是，你会困在一个走不出去的牢笼，这个牢笼还是你当初自愿进入的。

本书想要教你识破谎言，哪怕说谎言的人都带着无比辉煌的光环。本书想引导你回归自己的内心，审视自己的人生，找到你最在意的人生价值。每个人都能找到人生的意义，它会让你构筑起一道抵抗虚荣的坚固防线。本书要和你一起讨论，如何才能巧妙地做空虚荣、做多本质，获得一种穿越周期的韧性。

我们之所以焦虑，是因为没有发现更广阔的天地。这个世界变得越来越广阔，我们的视野却越来越狭隘。有一次，我在高铁上偶然听到一位父亲在给儿子打电话。父亲说，一定要考研，不考研还算人吗，只能算半个人！我想说，这位亲爱的父亲，你很可能在把孩子带到沟里去，要知道，就业市场上最受挤压的，恰恰是刚毕业的硕士研究生。上一代人的生活经验本来就很贫乏，想到互联网上找些有用的信息，才发现互联网上的信息更贫乏。为了吸引眼球，大家都在人云亦云。视野狭隘，看不到这个世界的新变化，怎么能做出明智的选择呢？

本书会通过大量的实地调研案例，告诉你正在发生的变化。企业会跟过去不一样，职场会跟过去不一样，工作会跟过去不一样，生活方式会跟过去不一样。很多小趋势涌现出来，这些小趋势有可能变成未来的大方向。我会带你去看很多平凡人，怎样在时代的舞台上做出了不平凡的事情。

本书不仅颠覆了很多关于生活和工作的流行偏见，而且，它也是以行动为导向的。书中的很多策略和技巧可以帮助你重新认识自己的职业生涯。你会悟出一个道理：其实，你需要的不是找工作，而是找事做。找到一件自己愿意做，也能做好的事，用心投入，体会"心流"的感觉。坚持长期主义，又能随时调整自己的方向，你会发现，你已经不知不觉地告别了内卷、躺平和扑腾的职场困扰。

第二章
你需要找事做，而不是找工作

工作是什么

美国天才作家大卫·福斯特·华莱士 2005 年在凯尼恩学院的毕业典礼上做演讲。[①] 他讲了这样一个小故事。有两条小鱼在水里游，一条老鱼从对面游过来，老鱼跟两条小鱼打招呼："小伙子们，你们好，今天水里怎么样啊？"两条小鱼很有礼貌地向老鱼问好，然后它们就各游各的。过了一会儿，一条小鱼实在忍不住了，它问另一条小鱼："哥们儿，水是什么东西？"

最熟悉的东西，我们可能所知最少，比如工作。你可能正在找工作；你可能已经有了一份工作；你可能工作了很久，想换一份工作；你可能已经工作了一辈子，退休了；你可能年纪

[①] David Foster Wallace. "This Is Water". Graduation Speech at the Kenyon College in 2005.

还小,在读书,父母和老师会告诉你:好好读书,以后才能找到好工作。

可是,工作是什么?

说起来似乎尽人皆知,工作不就是赚钱糊口吗?如果是这样,有人炒股赚了钱,他算有工作吗?有人皮带上挂着一串房门钥匙,靠收房租赚钱,他算有工作吗?有的街头乞丐都能想办法赚到不少钱,甚至能汇钱回老家盖房,他算有工作吗?

还有,我们愿意投入时间做的很多事情,可能并不赚钱,却能给我们带来人生的意义,可是这些事情却不算工作。有人做全职太太或全职丈夫,每天忙里忙外,照顾家庭。① 这个活儿可不轻松。有笑话说,女性要去工作,是因为上班比在家里做家务轻松多了。艺术家全身心地投入创作,他们其实并不关心能不能赚钱,这也不是世人眼里的工作。有人看破红尘,大彻大悟,去寺庙里当和尚,有谁会把修行当作一份工作呢?越来越多的人愿意当志愿者,去乡村支教也好,去照顾病危的老人也好,他们做的事情,都值得我们尊敬,但在常人眼里,当志愿者又算哪门子工作呢?

不是只有工作才能赚钱,我们愿意投入时间去做的很多有意义的事情,也不会被归为工作。那么,什么才是工作?

现在人们习以为常的工作制度,是一种在现代社会才有的

---

① 一种新的趋势是,回归家庭做全职丈夫或全职爸爸的男性也多了起来,但一般来讲,男性在家务事上的付出远少于女性。

极为特殊的制度安排。所谓的工作，就是要靠出卖自己的劳动力，并接受雇用者的指示，完成指派的任务，以此获得金钱收入。在现代经济社会中，想要谋生，最自然不过的选择就是去找一份工作。但是，如果把时间线拉得更长，我们就会发现，工业时代才形成的工作制度是一种非常怪异、违反天性的制度安排。

现代社会中的工作制度，本质上是用时间换取金钱。这并不是人类的天性。人类学家研究了各种各样的人类社群，以帮助我们更好地理解文化的多元性。得出的一个基本结论是，绝大多数人类社群，都不存在追求更多金钱回报的"天性"。理查德·图恩瓦尔德说："原始经济的一个代表性特征就是丝毫没有从生产和交换中获得利润的愿望。"[1] 马林诺夫斯基在《西太平洋上的航海者》中也注意到："利益在更为文明的社区中，常常成为工作的刺激因素，但在原始的土著环境中，它从来都不能成为人们工作的推动力。"更有说服力的说法来自美国人类学家马歇尔·萨林斯。他在《石器时代经济学》里指出，原始社会并不像人们想象中的那样，饥饿、劳碌、困窘，相反，那是一种原始丰裕社会。狩猎采集部落的人，每天只需要花费三五个小时，就能维持生计，剩下的就是大块大块的闲暇时光。他们会用这样的闲暇时光跳舞、聊天、制作艺术品，

---

[1] Richard Thurnwald. *Economics in Primitive Communities*. London: Oxford University Press, p. xiii, 1932.

或者干脆啥也不干。①

***

当然，每一个人类社群都要考虑如何生产、如何分配，他们都有自己的经济制度。想要过得更舒适，是每一个时期、每一个地方的人都在追求的目标。但是，只有现代经济社会与各种各样的传统社会大不相同。在现代经济社会里，从表面上看，人们奋斗的目标是追求物质享受和心理满足，实际上却只是赚更多的钱。赚钱本身成了终极目标，反而跟物质享受和心理满足没有太大关系了。

退一步说，就算只想赚钱，那也不一定非要去找工作啊。我们所熟悉的工作制度，也就是要通过服从他人意志，接受既定的规则，把自己变成一颗"螺丝钉"才能赚到钱，但这既不是唯一的选择，也不是最好的选择。农民种地，不需要向主管汇报工作；木匠打家具，不需要朝九晚五打卡；手工艺人接到订单，会按照自己的意愿安排生产，只要保证到时间交货就行。事实上，直到16世纪和17世纪资本主义经济刚刚出现的时候，典型的生产方式还是手工作坊。又过了200年，到18世纪工业革命爆发之后，才开始出现工厂制度。直至1776年，当经济学之父亚当·斯密发表《国富论》的时候，他在书中讲到的著名案例，生产一枚扣针需要18道工序，说的还是手工

---

① 马歇尔·萨林斯.石器时代经济学.上海：生活·读书·新知三联书店，2009.

作坊。手工作坊里的匠人知道自己在做事，但并不知道我们所熟悉的工作制度是什么。

那么，在工业革命出现之后的两三百年时间里，到底发生了什么变化，才使得工作制度最终变成了一种似乎是天经地义的事物？

传统的工作伦理骗了你

这个变化最早与科技进步无关，也与商业创新无关，而是发生在一个原本与资本主义毫无关系的领域：欧洲基督教的宗教改革。

欧洲基督教的宗教改革始于德国。德国是让基督教主教最头痛的地方，这里的麻烦事从来没断过。有时候，有的主教甚至希望这个地方的人没有皈依基督教反倒更好。1517年10月31日中午，一位叫马丁·路德的德国神父走到教堂门口，在大门上贴了一篇批判赎罪券的檄文，史称《九十五条论纲》。这是新教的宗教改革运动之始。

马丁·路德出生于德国东部的一个农民家庭，他从骨子里瞧不起商业。在那个年代，地理大发现打开了一个新世界。新的财富犹如火山喷发。哥伦布曾经说过："谁拥有黄金，谁就拥有世界上他所需要的一切，同样也可以从炼狱拯救灵魂，重新享受天堂的快乐。"马丁·路德对此嗤之以鼻。他说："来自加尔各答和印度及同类地方的外国商品，诸如珍贵的银器、珠宝和香料等耗尽了国家和人民的钱财，因此不应该引进。"他强烈地反对向贷款收利息，比正统教义对高利贷的谴责还要严厉。[①] 马丁·路德也反对人们打工赚钱，因为这会耽误信教。

随后兴起的加尔文教派在教义上比路德派更激进，但对商业的看法却大不相同。马丁·路德依然向往传统的田园生活，加尔文派则在很大程度上是一种城市运动。信徒在经商的过程中，从一个城市走到另一个城市，传播他们的信仰。加尔文派的总部在日内瓦，最有影响力的信徒集中在安特卫普、伦敦和阿姆斯特丹等商业中心。

加尔文派对基督教有一种极为奇特的解释。按照加尔文派的说法，上帝按照自己的意志安排一切，他会选出一部分人作为选民，而其他人都要被送到地狱。谁被上帝选中了，只有上帝自己知道。人对自己的命运是无能为力的。被上帝选中的人，会得到眷顾。你怎么才能知道自己有没有被上帝选中呢？有一种间接的办法：每个人都有自己的"天职"，有人去办企业，有人去种田，这都是上帝交给每个人的任务。如果你把自己的"天职"出色地完成了，那说明你得到了上帝的眷顾。洛克菲勒曾经说："我赚钱有如神助。"他就是想说："我肯定是被上帝选中的。"按照加尔文派的说法，祈祷是没有用的，只能努力工作。努力工作不是为了得救，而是为了彰显主

[①] 理查德·H. 托尼. 宗教与资本主义的兴起. 北京：商务印书馆，2019.

的荣耀。

不得不说,这种解读的视角委实清奇。不过,有意思的事情发生了。加尔文派强调勤劳、节俭才是美德。勤劳则产出更多,节俭则消费更少。产出多于消费,则储蓄增加。储蓄增加,则投资增加。在经济起飞的最初阶段,最大的难题就是要实现资本积累。按照加尔文派的训导,这一切就顺理成章地完成了。[①]

但这明显是违反人类天性的。要求绝大部分人拼命工作,尽可能多地产出,然后,生产出来的东西还不能全部消费掉,要节俭,尽可能多地储蓄,而且储蓄也不是为了换取未来更多的消费,而是为了更多地投资,投资是为了更多地储蓄,就这样苦哈哈地过一辈子。要说服人们主动遵循这样一种奇怪的生活方式,往往只能借助宗教的力量。

***

社会学家马克斯·韦伯注意到这个独特的现象,并写了一本名著——《新教伦理与资本主义精神》。[②]注意:韦伯讲的并不是新教伦理造就了资本主义。推动资本主义发展的是其他动力。人口增长带来贸易需求,尤其是长途贸易的需求增加。

---

① Dudley Dillard. *Economic Development of the North Atlantic Community: Historical Introduction to Modern Economics*. Prentice-Hall, 1967.
② 马克斯·韦伯. 新教伦理与资本主义精神. 上海:生活·读书·新知三联书店, 2019.

长途贸易异常复杂,催生了复式记账法、商业法规和仲裁制度,也催生了金融创新。大规模的国际贸易形成了数个国际贸易中心,大城市兴起了。为了提高产量,就必须提高效率,劳动分工有效地提高了生产效率。

但是,单有这些力量还不够。观念和信仰会束缚人的行为。中世纪神学始终反对工商业。《马太福音》讲道:"骆驼穿过针的眼,比财主进神的国还容易呢。"[1]《雅各书》讲道:"你们这些富足人啊,应该哭泣、号啕,因为将有苦难临到你们身上……你们在这末世只知积攒钱财。"[2] 曾经把《圣经》翻译成拉丁文的圣杰罗姆说得更狠:"富人不是贼,就是贼的儿子。"到了加尔文派这里,宗教和财富终于和解了。加尔文派并不认为财富本身是美德,但勤劳致富已经被塑造成了极受推崇的美德。

所以,按照韦伯的说法,新教伦理塑造了一种新的观念,即资本主义精神。在这种新观念的引导下,资本主义终于摆脱了中世纪神学的压制,犹如开闸放水,奔涌向前。当然,韦伯也很谦虚。他曾经讲过,新教伦理只是促进资本主义发展的必要条件,而非充分条件。换言之,如果有其他的办法,也能够让绝大多数人拼命工作,又拼命攒钱,那一样能快速实现资本

---

[1] 坎伯·摩.摩根解经丛卷 马太福音.上海:生活·读书·新知三联书店,2011.
[2] 布罗森特二世.《雅各书》《犹大书》释义.上海:华东师范大学出版社,2009.

积累和经济腾飞。①

＊＊＊

回到我们讲过的工作制度的怪异之处：一是用时间换金钱，二是主动被人管。这两个特点都是违背人类天性的，那如何让人们接受这种制度呢？也是新教伦理立了大功。

先说用时间换金钱。想要发财，是人类内心深处的欲望，但新教伦理发明了一种全新的追逐利润的方式：理性地追逐利润。他们追求的不是财富本身，而是创造出更多财富的过程。这就变成了一种纯粹的数字游戏，而且这个游戏是没有终局的。就算不是富人，只是赚钱糊口的普通人，也开始把工作视为一种责任、一种生活方式。工作即正义，不工作是一种罪恶。即使你看不到收益，或是不需要收益，你也要继续工作，不能停止努力。②

再说主动被人管。很少有人心甘情愿听从别人的命令。新教伦理认为，如果缺乏足够的才能或资本，就不得不受雇于人，你要意识到，自己并不是给老板打工，而是为上帝服役。你服从的不是老板的命令，而是主的旨意。在上帝的眼里，所

---

① 理论上讲，是有其他方法的。苏联工业化初期靠的是国家力量，迫使人们储蓄，形成资本积累。中国在高速经济增长时期，也出现了高储蓄、高投资的现象。这一时期居民部门储蓄率居高不下，一个很重要的原因是缺乏足够的公共服务，导致人们要留出更多的"预防性储蓄"。
② 齐格蒙特·鲍曼.工作、消费主义和新穷人.上海：上海社会科学院出版社，2021.

有的"天职"都是平等的。这一大碗"迷魂汤"灌下去，很多信教者就更容易接受尘世间不平等的分工。

还有一个令人意想不到的影响：新教伦理能让人们对收入不平等更加容忍。嫉妒是人的天性，新教怎么能让穷人不嫉妒和仇视富人呢？新教声称，富人之所以有更多的财富，是因为他们受到上帝的眷顾，是他们勤勉、努力的回报。当时，很多富人都是虔诚的新教信徒，他们赚了钱之后不会花天酒地，追求享乐，而是继续过着俭朴的生活，把赚来的钱投入扩大再生产。如果富人不享乐，穷人就不嫉妒。另外，新教伦理也会让人对穷人格外歧视。如果说富裕是勤勉、节俭的回报，那贫穷就是懒惰、贪婪的惩罚。于是，贫穷不再被视为一种社会问题，而是完全变成了个人的罪恶和耻辱。

社会学家齐格蒙特·鲍曼说："就目的而言，工作伦理改革运动是一场关于控制和服从的战争。"传统的工作伦理声称自己是在宣讲一种信仰，其实，这是一场彻头彻尾的权力斗争。从表面上看，工作伦理是为了克服传统社会中"无欲无求"的状态，号召人们追求进步，事实的真相却是，在工业革命初期，工人对新出现的工作制度极为反感，他们感到不适，也感到屈辱，他们不理解这种制度，更不可能自愿选择这种制度。传统的工作伦理之所以备受推崇，就是因为它能够用最猛烈的炮火，打掉工人的反抗心理。

消费主义继续骗你

有时候，观念的转变需要跨越鸿沟，那就需要搭一座桥。可是，一旦跃过了鸿沟，桥就没有意义了，观念会沿着另一条路线继续展开。比如，进入资本主义社会，需要借助新教伦理，而一旦进入资本主义社会，新教伦理便逐渐让位于消费主义。

这是由于总供给和总需求的力量对比发生了变化。在工业革命初期，由于受到人口增长、海外殖民等因素的刺激，总需求迅速增加，但总供给无法跟上，成了短板。当时，最大的经济压力是如何提高总供给。生产不是为了消费，而是为了进一步扩大再生产，这在资本主义发展初期就有了特殊的重要性。

18世纪初，蒸汽机问世，使得人类第一次能够通过控制热量转换的方式来做功。最早的蒸汽机叫纽科文（亦有翻译为"纽可门"或"纽科门"）蒸汽机。纽科文蒸汽机有一间小屋子那么大，冒着黑烟，叮当作响，还发出笨重的"嘶嘶"声，只能用于从煤矿中抽水。经过瓦特改良后的蒸汽机更加轻便高效，能够应用在更广的范围内。

蒸汽机应用于纺织、面粉加工等行业，催生了最早的工厂制度。蒸汽机应用于火车，带来了工业革命时代最震撼人心的交通工具。火车犹如钢铁巨兽般疾驰而来，吐着白烟，是那个时代人类记忆中的经典画面。

到了 19 世纪末和 20 世纪初，以电力为主导的又一轮产业革命，塑造了我们所熟悉的现代生活。①爱迪生改良了电灯，电就进入了家家户户。家里有了电，就有了各种各样的家用电器。一开始是洗衣机、厨房电器，后来又出现了空调等功率更大的电器。家用电器极大地缩短了家务劳动的时间，解放了妇女，于是大批妇女进入工作岗位。

有了电，才有了电梯，有了电梯，才有了摩天大楼，有了摩天大楼，城市人口才能密集地居住在一起，城市的公共设施才有了改善，比如，给水和排水系统分开了；公共卫生条件的改善，降低了疾病的传播，极大地提高了人类的预期寿命；电话、电报、飞机、轮船、汽车，几乎是在同一时间涌现出来的。正是由于生产力的巨大提升，使得人类从短缺经济进入了过剩经济。

于是，消费主义悄然降临。

***

在任何一个时期，任何一个社会，人们都需要消费。衣食住行，哪一样都少不了。但消费主义的主张和传统社会的消费观念并不一样。在消费主义时代，消费不是为了满足欲望，因为欲望是永远无法被满足的。于是，消费本身成了一种生活方式，甚至是生活的目的。

---

① 罗伯特·戈登. 美国增长的起落. 北京：中信出版社，2016.

在消费主义时代，有很多消费是出于社会性目的。许多人活着就是为了嘚瑟。很多经济学家早就注意到了这一点。美国经济学家凡勃伦把这种消费称为"炫耀性消费"。大部分人要辛苦劳作，少部分人能够脱离劳作，他们觉得自己高人一等，就会用刻意的不工作、毫无节制的消费炫耀自己的特权地位。[①] 凯恩斯讲过"二级需求"，也就是由于想要超过对手所产生的需求，一个人的消费会变成他邻居的欲望。于是，二级需求便会不停地增长。经济学家詹姆斯·杜森贝里提出了相对收入假说。按照他的观察，影响消费的一个重要变量是消费者的收入与社会平均收入之比。换言之，人在消费的时候会跟他人攀比，底层的人努力向中产阶级看齐，中产阶级则希望能向上流社会看齐。结果，人们会增加支出，使之超出满足日常需求的水平。

炫耀性消费并不能缓解人们的焦虑，相反，它会让人们更焦虑。经济学家发现了一个现象：如果一个人买彩票中了大奖，那他的邻居在之后两年内申请破产的概率会提高。这项研究甚至算出了具体数值：中奖金额每增加 1%，破产概率就会增加 0.04%。[②] 原因很简单，住在中大奖者旁边的人会花更多的钱，努力向身边的暴发户看齐，不知不觉就"花冒了"。

---

① 凡勃伦. 有闲阶级论. 北京：中央编译出版社，2011.
② Agarwal S., Mikhed V. and Scholnick B., "Does Inequality Cause Financial Distress? Evidence from Lottery Winners and Neighboring Bankruptcies". *Federal Reserve Bank of Philadelphia Working Paper* No. 16-4, 2016.

社会学家也观察到了一种很微妙的现象,从底层向上爬,想跻身上流社会的人,希望所有的人都能看到自己,他们会选择更容易被发现的身份标志,比如开车要开奔驰、宝马,更张扬的要开保时捷或法拉利。已经在上流社会的人,只希望被本阶层的人看到,所以通常会选择低调的奢华,比如他们会选迈巴赫或布加迪。

在消费主义时代,影响购物的更重要的是心理因素。随着收入的提高,人们从购买必需品进入了任性购物的阶段。心情好坏能左右购物。广告会勾起购物的欲望。购物会成为一种游戏,比如买盲盒。买东西是为了表达自我,彰显个性,比如买潮牌服装。

这会变成一件很尴尬的事情。在消费主义时代,彰显个性的方式是商业化的千篇一律。所以,我们才会看到,地铁上坐着一排女孩,每个人的牛仔裤上都破了一个洞。穿The North Face(北面)本来是为了显示自己爱好户外活动,但很多穿着它的人,却是要去公司上班。

在工业化初期,生产更重要,工厂主需要的是一群千人一面、任劳任怨的工人。于是,新教伦理出场了。在那个时期,人们以生产者的角色构建自己的社会身份。勤劳致富是经济增长初期的福音。在工业化后期,消费变得更重要。冲动购物、大量购买、不断购买,才能保持需求始终引领供给。尽情消费是经济增长之后的信仰。

与工业化初期相比,在一个消费主义社会里,产品和服务的寿命不断降低,消费者被诱惑,不断去追求更新、更时尚的产品。欲望需要被即时满足,没有什么永久的承诺。这种经济运行方式使得工作制度也发生了变化。生产的周期更短,工作更不稳定。工作变得更像快销品。这种新的工作方式被誉为"灵活就业"。但是,正如沙滩上无法建造城堡,这种灵活就业的工作更难为人们提供稳定收入、发展机会和人际关系,遑论人生的意义。

为什么成功人士更愿意当工作狂

消费主义时代,还出现了一个很讽刺的现象:工作竟成了一种炫耀性消费。

当然,不是所有的工作都可以拿来炫耀。社会风气把大部分工作视为"无聊的"。在工厂打工、在商场当售货员、在农田种地,这些只为谋生而日日奔忙的工作被视为"无聊的"。那么,什么才算"有趣的"工作?按道理来说,真正"有趣的"工作本来应该是科学考察队员、宇航员、调查记者、园艺师等与个人兴趣结合紧密的工作。但是,越来越多的成功人士声称,他们的工作才是"有趣的"。这给人的感觉是,只有能够带来最多金钱收入的工作,才能被视为"有趣的"工作。

这就不难理解,为什么很多成功人士都是工作狂。苹果公司的CEO（首席执行官）蒂姆·库克在接受《时代》周刊采访时说，他每天凌晨4点半就开始给同事发邮件，而且每天都是办公室里第一个到，最后一个走的人。"钢铁侠"埃隆·马斯克为了盯紧新车的研发进度，曾连夜睡在工厂地板上，一件T恤衫穿了三天三夜都没换洗。哪个员工提出不愿意加班，就会被马斯克痛骂："马上滚出我的视线，你不用再出现了。"贝佐斯自己是工作狂，也要求员工是工作狂。他认为亚马逊的公司文化就是所有的员工都不知疲倦为何物。京东创始人刘强东喜欢讲地板上的闹钟的故事：创业之初，他睡在地板上，把闹钟设成每隔一小时响一次，提醒自己起来答复客户。

大部分普通职业的暗淡无光，衬托出少数职业的光鲜亮丽。成功人士创造出了一种神话。他们声称，工作是一种享受，能提供强烈的感官刺激和令人兴奋的体验。工作是一种娱乐，更是一种令人羡慕的特权，还是一种可以炫耀的标志。想跻身精英阶层的人，趋之若鹜地模仿高居金字塔塔尖的成功人士。

于是，工作时间越来越长。

***

这跟经济学家最初的预测大不一样。1930年，正值世界经济大萧条期间，凯恩斯发表了一篇《我们孙辈的经济可能性》[1]。虽然当时经济局势愁云惨淡，但凯恩斯把眼光放到100年之后，大胆地预测，到那时候，人们的经济状况平均而言会提高8倍。经济问题，也就是如何谋生，将不再是人们最关注的问题。在这个丰裕而有闲的新世界里，人们只需要每天工作3个小时，每周工作15个小时。凯恩斯在很多方面都极其富有远见，但是这一次他说错了。

19世纪，工人一直在争取限制工作日。1886年5月1日，美国芝加哥工人举行大罢工，要求8小时工作制，即"五一"国际劳动节的起源。1919年，刚成立不久的国际劳工组织通过了第一号公约，规定工厂的工作时间每天不能超过8小时，每周不得超过48小时。到了第二次世界大战之后，很多发达国家的工作时间确实一直在缩短。但是，从20世纪80年代开始，这种趋势却发生了逆转。经济合作与发展组织（OECD）的一份报告指出，在20世纪90年代，美国、瑞典和匈牙利的工作时间反而延长了，澳大利亚、芬兰、新西兰、西班牙和英国的工作时长几乎没有变化。[2]

为什么会出现这种现象呢？原因有很多。比如，全球化带来了更大的竞争压力，互联网使得人们离不开计算机和手机，工作和休闲的界限模糊了，新自由主义放松了对资本的约束，

---

[1] 凯恩斯. 劝说集. 北京：商务印书馆，2016.
[2] Evans J. M., D. C. Lippoldt and P. Marianna. "Trends in Working Hours in OECD Countires". *Labor Market and Social Policy: Occasional Papers* No. 45, 2001.

工会的力量被削弱了。但还有一个很重要的原因，就是在消费主义时代，工作狂成了一种可以炫耀的身份。

然而，少数变得非常富有的人并没有获得更多的幸福。心理学家在英国和美国做的调研表明，贫穷让人痛苦，而一旦基本需求得到满足，金钱收入的增长能给人们带来的幸福感就会递减。年收入超过 10 万美元的人并不比年收入低于 2.5 万美元的人更幸福。最适中的年收入水平在 5 万~7.5 万美元。这一收入水平的人不会因赚得太少而紧张不安，也不会因赚得太多而失去意义感。

在工作中花的时间也一样。工作时间太短，人们会觉得无聊；工作时间太长，人们就会感到倦怠。大致来说，每周工作 21~30 个小时的人幸福感和价值感都是最高的。但是，在"成功人士都是工作狂"的时代叙事下，在激烈的竞争环境下，一些大公司的中层和基层员工，都加入了内卷游戏。

于是，你会看到，在公司的走廊里，放着折叠床；通宵加班的"社畜"忙到耳鸣失聪、血压飙升。一个夫妻双方都要上班的家庭，谁都没有时间照看孩子。加班时间长，会导致离婚率上升。更年轻的员工连谈恋爱的时间都没有，更谈不上结婚。从睁眼到闭眼都离不开手机，眼睛疼，从脖子到脊柱都疼。睡眠质量下降，体重却不断上升。体检的时候，问题都来了："三高"、胆囊息肉、心率过缓……多少曾炫耀自己精力过人的精英，最终会在"全身背叛"中崩溃。他们大多出现了偏头痛、饮食失调等症状。身体在抗议和反叛，精神亦然。一位日本员工接到公司经理的斥责信，第二天就自杀了。

2002年，《牛津英语词典》在线版增加了超过一万个新词汇，其中一个就是来自日语的"karoshi"（过劳死）。2015年，德勤的一份报告指出，有77%的员工对工作感到倦怠，有84%的"千禧一代"对工作感到倦怠。

***

有人可能相信，通过传播炫耀性的工作狂神话，让员工为公司拼死拼活，是《新教伦理与资本主义精神》的21世纪版本。但事实却是，在信奉加班文化的公司里，每个员工确实看起来都更加勤奋和努力，但对提升企业效率并无明显帮助。

就以内卷得最严重的互联网行业为例。一批程序员发起了一个活动："996.ICU"。意思是说，每天从早上9点工作到晚上9点，一周工作6天，身心疲惫，最后的归宿是医院的重症监护室。我在调研"996"现象的时候，跟不少互联网企业的员工聊过。员工其实并不反对加班，也不讨厌有挑战、有压力的工作，但他们反感的是明明只要三四个小时就能干完的活儿，领导非要让他们干到晚上9点。好办，那就摸鱼呗。久坐摸鱼多。

无休止地繁复劳动会给员工带来一种挫败感。每个人都不知道自己工作中最重要的是什么。手头的事情随时可能被打断,似乎总有优先级更高的临时需求。于是,他们只得在不同的工作之间不断切换,很少能集中精力把一件事做好。非要让一群人凑在一起做事,在大多时候反而阻碍了创新。大家急于达成一致意见,新颖的想法就会被众人冷落。真正的创新,往往出现在精神放松、大脑神游的时候,也就是老板觉得员工没有努力工作的时候。

凡是不可持续的东西,最终一定会消亡。很多老板发现,原来那种给员工打鸡血的激励方式不灵了。于是,他们会说,新一代的员工更懒、更散漫了。当老板觉得自己的员工怎么这么笨、这么懒、这么没有纪律性的时候,十有八九是因为企业的管理方式出了问题。奴隶主觉得奴隶懒,地主觉得长工懒,但其实他们都不懒,他们只是懒得为别人卖命,他们看得门清。哪个员工会自觉自愿地干到晚上10点,回到家跟家人说:"亲爱的,我又为股东利益最大化做出了贡献。我真自豪,我的老板比以前更有钱了。"

这种以工作狂为榜样的公司,会渐渐地被社会抛弃。一家企业不仅要关心效率,还要关爱员工及其家庭。小人物并不需要像打了鸡血一样努力奋斗,他们需要的是稳定感。没有一个正常人会觉得"996"是一种"福报"。他们需要的是感受到自己所做事情的意义。他人眼里的成功并不能减少自己在实际工作中的痛苦。

不要再被神话欺骗了。无论是贝佐斯还是扎克伯格,无论是马斯克还是刘强东,他们的成功故事,你不可能也不需要去复制粘贴。也不要再被什么"比你优秀的人比你还刻苦"这样的毒鸡汤欺骗了。比你刻苦的人,可能只是在假装比你优秀。

找事做,而不是找工作

人总是要找事做的,为了谋生,也为了找到一种成就感、一些与人交流的机会,以及人生的意义。但是,我们现在熟悉的工作制度,其实是在最近 300 年,尤其是工业革命之后才出现的一种很怪异的制度。这种工作制度先是强调纪律和服从,唯有如此,才能诱使工人放弃反抗。这种工作制度随后变成了对消费的赞美。为了填补无止境的欲望,或是为了在人前炫耀,人们会持续卖命工作,全然不顾是否已经迷失了自我。更怪异的是,工作狂模式备受精英推崇,上行下效,这种盛行一时的公司文化带来了一个过劳时代。

鱼在水中,却不知水是何物。人在工作中,却没有反思工作是何物。

人会对外来的强制心生敌意,却经常对外来的诱惑缺乏警惕。这种诱惑听起来很吸引人,但提供的却是虚假的承诺。流行的观念会变成一种社会规范,施加无形的压力,让我们不由自主地去顺从别人的看法。社交媒体更是放大了这种焦虑,让我们更难抗拒。人生需要意义,而意义来自叙事。叙事影响了我们的观念，进而影响到我们的行为。可是，不经省察的社会叙事会迷惑我们的双眼，让我们形成偏见，掉进"叙事陷阱"。①

本来，两个人之间平平淡淡、相敬如宾的感情就是爱情。可他们说，不，爱情应该是惊天动地、刻骨铭心、抵死缠绵的。本来，抚养自己的孩子、陪伴他们、给他们支持，就是好的父母。可他们说，不，好的父母必须要精心规划、亲自上阵、穷其所有，把自己的孩子培养成人中龙凤、天之骄子。本来，人的一生，重要的是找到自己愿意干的事，喜欢上那些和自己一起做事的人，能在做事中找到人生的意义，同时还能赚到钱养活自己。可他们说，不，工作就是天职，职场就是战场，最终的结局一定是优胜劣汰、赢家通吃。他们一遍一遍地讲这些故事，直到我们也跟着他们一起复述。这些社会叙事全都声称，它们和人类的历史一样悠久。它们自称源于人性，归于永恒。他们传教般的腔调信誓旦旦，让我们不免产生一丝怀疑。

他们的声音比一个人的声音更响亮，但倾听自己的声音才能听得更真切。越是新奇的东西越容易昙花一现。伟大的创新不是发明新的东西，而是还原旧的真相。真相不增不减，过去就有，今天还有，明日亦然。BOSS直聘的创始人赵鹏讲过，他有一个思考模型："当一个人告诉我一件事情如何重要和伟

---

① 保罗·多兰. 叙事改变人生. 北京：中信出版社，2020.

大,我就倾向于去想想 30 年前、300 年前、3 000 年前,甚至 3 万年前,人类社会中有没有这件事。如果那时候就有这件事,它成为一个真命题的概率就比较大。"[1]

300 年前,还没有现在工作的概念。3 000 年前和 3 万年前更没有现在工作的概念。但是,30 年前,人们会找事做;300 年前,人们会找事做;3 000 年前和 3 万年前,人们还是要找事做。重要的是找事做,而不是找工作。

叫它工作,叫它事业,叫它职业,叫它天职,都不是在叫它的本名。工作是它的工号,事业是它的花名,职业是它的绰号,天职是它的教名。它的本名,就是"事",就是你想干,又能挣钱的那件事。

这件事很可能既微不足道,又时常会让你感到失落。对自己所做的事情完全心满意足的人少之又少。人类命运中原本就存在着各种不完美。有希望必有失望,有高潮必有低谷。流行的社会叙事拒不承认平凡人的渴求,不去安慰那些失意的人,也不去赞美他们在日常生活中体会到的幸福。相反,它听任人们去羞辱那些用尽了全力,却未能出人头地的普通人,尽管我们中的大多数人就是这样的。

流行的社会叙事没有告诉你的是,做你想做的事,虽会有挫折和艰辛,却是人生最享受、最持久、最有益的乐趣。重要的是我们经历了什么,而不是我们声称自己经历了什么。人在

---

[1] 李翔.详谈.赵鹏.北京:新星出版社,2021.

做事的时候能获得一种掌控感，不断磨炼技艺，物我两忘，才能找到心流的感觉。人在做事的时候能够建立和别人的关系，这种长久而稳定的人际关系往往和家庭生活一样重要。人在做事的时候能够找到人生的意义，它让我们找到一个远比自己更宏大的目标，去体会那种置身其中的恢宏。你所选择的要做的事情，提供了人生的锚定点。

做什么事很重要

有一次，我和罗辑思维的创始人罗振宇聊天，说起一个话题：我们的下一代会干啥？

我们这一代，或多或少都体验过物资匮乏的生活，又是在经济高速增长时期长大的，所以这一代人的特点是特别能吃苦、特别想赚钱。赚钱不仅能改善物质生活，而且能让我们体验到从未经历过的新鲜事，让我们更加自信、更有胆量和勇气，也给了我们一块踏实的基石，可以踩着它去追求更高的目标。

可是，到了我们的下一代，他们已经没有物资匮乏的体验了。以前，家里要买"几大件"，先是自行车、缝纫机，后来是电冰箱、彩电，这对年青一代来说是难以理解的。年轻人也越来越不认同上一代人对买房买车的狂热执念。人与人变得更加平等，每个人都有 5 分钟高光时刻，所以，年青一代对出名也有不同的理解。对他们来说，出名不再是让所有人都知道自己，而是让喜欢你的人、懂你的人能找到你。他们未必不能吃苦，但不会把吃苦耐劳视为一种逢人就夸的美德。他们更在意一件事情到底好不好玩。他们更在意能不能表达自我、彰显个性。他们的职业选择越来越多元化，不再像上一代人那样，千军万马过独木桥，都争着要当官、经商、做学问。

罗振宇说，下一代人，我们的孩子，可能会想当厨师。

为什么呢？一道菜做好了，端上来，色香味俱佳，就能赢得满座赞赏。厨艺亦无止境，当厨师的可以一辈子钻研新的菜谱，推陈出新，乐在其中。好的厨师有个人的品牌，甚至能成为名人，一样能赢得社会地位。

年青一代，可能会有跟上一代不同的择业观念。

***

我们可以区分两种职业：一种是心累型职业，一种是心流型职业。心累型职业的特点是：人被困在系统之中，无法把握事情的发展，也无法度量自己的贡献，无法预测最终的结果，也无法改变中间的程序，这就会让人产生无力感。职务的高低，改变不了被困在系统中的结局。在棋盘上，无论是车、马、炮，还是过河卒，都是听从摆布的棋子。

心流型职业的特点是：可以自我掌控、自我表达、自我创造、自我实现。心流是心理学家米哈里·契克森米哈赖提出的概念。他说，心流就是"一个人完全沉浸在某种活动当中，无视其他事物存在的状态。这种体验本身带来莫大的喜悦，使人愿意付出巨大的代价"[①]。

一般人认为，无所事事，优哉游哉，那才叫快乐，其实，最愉悦的时候通常都是一个人为了某项艰巨的任务而辛苦付出，把体力与智力都发挥到极致的时候。所以，想要体验到真正的快乐，就要有所事事。被动地干一份工作，可能体验到的只是劳累和无聊。主动地做一件正事，会充满乐趣和刺激。

世俗眼中社会地位更高的职业，有可能是心累型职业。很多看似不起眼的职业，反而是心流型职业。

一位处级干部、一位投资银行经理和一名木匠，哪个人的职业更容易带来幸福感？

能当上处长，社会地位已不算低。但作为基层干部，他对上要向领导汇报，对下要罩着一群手下，既要学会吃透规则照章办事，又要懂得相机抉择灵活处事。他要面对不计其数的迎来送往、案牍劳形、文山会海，但时间精力付出之后实效如何？他无从判断，只能随波逐流。不管是论功行赏，或是论资排辈，他在升迁之路上只能听天由命。

当投资银行经理呢？虽然收入水平绝对不低，但他必须习惯四处奔波、觥筹交错的人生状态。做 PPT、Excel，十八般武艺要样样精通。但是，项目能不能赚钱、行情会不会好转，

[①] 米哈里·契克森米哈赖. 心流. 北京：中信出版社，2018.

他心里可能是没数的。

这些看似光鲜亮丽的行业,往往会遇到太多的干扰因素、太多的不确定性。不是所有人都能承受如此大的压力,很多人会因此产生倦怠感。

相反,一名熟练的手工艺人,能够享受到完成一件作品的乐趣。每一步都在掌握之中,整个过程让人陶醉。我在景德镇遇到过一位年轻的手工艺人陈英泽。陈英泽30岁出头,出生于福建漳州,2013年大学毕业即创立了自己的金属艺术工作室。他专做银器,有银壶、香炉,也有一些天马行空的艺术作品。陈英泽的工作室藏在小巷深处,这个幽静偏僻的院落曾经接待过各类名人。他说:"我只管潜心创作,根本不需要去外面找客户,他们自己就会找上门来。"陈英泽更看重自己的创作,创作时冥思苦想,敲锤时完全放空。他说:"我最喜欢的状态就是一锤一锤地敲打银器,有时节奏快,有时节奏慢,但总是均匀的。想到我一生的时光就是在这种节奏中一点一点流淌,心中会有一种很踏实的感觉。"陈英泽的这种体验,就是"心流"。这种发自内心的愉悦感,难以用言语描述,只能用心灵感受。

***

米哈里·契克森米哈赖指出,在工作制度没有出现之前,人们做事的时候能找到自得其乐的感觉。你甚至分不出这是干正事还是玩游戏。这些事情都有适度的挑战、明确的目标、即时的反馈。打猎就像游戏，其乐无穷。钓鱼也一样，让人流连忘返。亚利桑那州年青一代的印第安纳瓦霍族人称，骑马、放牧是他们平生做过最快乐的事。

僵化的工作制度极大地破坏了做事的乐趣，但它无法扼杀人们体验心流的愿望。很多人非常热爱自己所做的事。比如说，外科医生的工作很累，而且很少有工作像外科医生的工作一样，要承担如此巨大的责任。可是，很多外科医生会对工作上瘾。他们当然很珍视这个职业带来的收入和名望，也有治病救人的理想，但真正让他们乐在其中的是做手术这件事带来的独特体验。外科手术的目标极为明确。手术有没有成功，做完就能知道结果。手术需要经验和知识，也需要技巧和天赋。精密的手术，犹如一种艺术。做手术的时候全神贯注，做完手术心满意足。优秀的外科医生会给自己提出更高的挑战，期待创造出更多的奇迹。

那么还是这份工作，如果把要做的事情改变一下呢？比如，有的外科医生专门割盲肠或扁桃体，有些甚至只负责帮人穿耳洞。虽然一样是外科医生，而且收入不菲，但重复这种单调乏味的工作，会让人感到疲惫无聊。

总结一下：工作也许重要，但工作中要做的事更重要。做事的第一个意义是能带来掌控感。好的工作需要高超的技巧，能让我们沉浸其中，不断超越自我，最终进入心流的境界。

和谁一起做事很重要

消防员这份工作,到底是做什么的?

在影视作品中出现的消防员,个个都是英雄。熊熊烈火把墙壁烧得焦黑,房梁带着疯狂的火苗砸下来,被困在火中的人瑟瑟发抖,消防员奋不顾身地冲进去,或是把老人背在肩上,或是把孩子抱在怀里,迅速撤出现场。迎接他们的是众人的拥抱和欢呼。

事实上,消防员很少遇到需要冒险救火的时候。他们的工作并不像影视作品描绘得那么危险。在日常生活中,除了训练和巡查,他们还要经常干一些鸡毛蒜皮的事情。孩子把皮球扔到房顶上了,猫咪爬到树上不敢下来了,炒菜时烟熏火燎触发烟雾警报了……一位老人急电119,说她的孙子就快窒息而死了,消防员飞速赶过去时,见到的是站在门口满脸歉意的老人和安然无恙的孩子。

很多男孩子小时候的梦想就是长大了要当消防员。那真正当了消防员的成年人又是为什么选择干这个活儿呢?美国记者埃伦·拉佩尔·谢尔采访了真正的消防员。他们说,重要的不是工作,而是一起工作的人。"我们共同经历过这样的事情。除了这些家伙,我还能跟谁谈论这样的事情?我们不是流水的兵,而是一家人。"①

消防员当然不喜欢被管得太严,如果能让他们在现场自己做决定,他们会有更多的自豪感。但是,他们也不喜欢天马行空,自行其是。这份职业要求他们严格遵守规章制度,按部就班地处理日常事务。做消防员,并不需要冒险精神,因为冒险反而可能引发一些不必要的巨大风险。太有英雄主义情结的消防员反而会惹麻烦,他有可能为了逞强或寻求刺激,做一些错误的事,把自己和队友置于险境。

***

流行的叙事总是喜欢把工作浪漫化,但大部分工作,哪怕是像消防员这种看似很酷的工作,其实都很平淡无奇。科学家并不是每天都有灵光一现、拍着脑袋"啊哈"的顿悟时刻,他们大部分时间都是在实验室里,琢磨"为什么上一个实验出错了"。作家并不是每天都文思泉涌,妙笔生花,"作家是在他最不想写时依旧一屁股坐进椅子里写作的人"②。参加比赛、拿冠军、站上领奖台,这些也并不是运动员的日常,他们在大部分时间里,都要忍受单调、艰苦、重复的训练。

对大部分人来说,这才是做事的常态。太多的挑战让人紧

---

① 埃伦·拉佩尔·谢尔.工作——巨变时代的现状、挑战与未来.北京:北京时代华文书局,2021.
② 科伦·麦凯恩.给青年作家的信.北京:人民文学出版社,2018.

张,寻找刺激的结果要么是彻底失望,要么是陷于诱惑无法自拔。大部分人更重视工作的时长、收入和福利,以及职业安全感。他们看中的是稳定的工作条件和人际关系。

为稳定收入而工作的人往往干得最好,对他们来说,工作就是工作。这种愿望看起来丝毫不高大上,但对个人幸福和社会稳定来说至关重要。

人是一种群居动物。很多人会在孤单一人的时候感到空虚无聊。置身在人群之中,人们瞬间就会恢复生机。城市里的人山人海,会让很多人感到兴奋。没有他人的参照,就很难找到个人的坐标。

由此,我们将能找到做事的第二个意义,那就是与人合作,并在这种合作关系中确立自己的身份。好的人际关系能大幅提升生活品质,坏的人际关系会困扰人生,他人会变成魔鬼。

在做事的过程中,形成了人与人的分工。社会学家涂尔干指出,这种分工促成了社会的有机团结。如果没有分工,那么所有人做的事情都是一样的,他们都是同质的竞争者,每个人都必须把对手置于死地,那就太可悲了。在同质性较强的社会里,绝大多数人都是注定要被淘汰的。怎么才能让人类社会从丛林竞争变成和睦相处?涂尔干的答案是"社会分工"。于是,打铁的不会和酿酒的竞争,念经的也不会和算账的竞争,人们才能各司其职,各居其位,"都拥有自己的行动范围,都能够各臻其境,都有自己的人格"[1]。经济学的鼻祖亚当·斯密说,分工能带来生产率的提高,这样才能生产出更多的产品。在涂尔干看来,这种经济上的收益只是社会分工的副产品。专业化分工的真正价值是让每个人真正变成"个人",也让社会生活有了稳定的基础。

***

有意思的是,低层阶级的人,而不是高层阶级的人,更容易从直觉上体察出做事的第二个意义,因为他们更有集体意识,对周围的人际关系更为敏感,更容易感知在社会分工体系中自己和别人所处的位置。

这其实很容易理解。身居高位的人认为成功全凭个人的才能和努力,不觉得别人的支持和帮助有多重要。他们对周围发生的事情,以及别人的感受,往往熟视无睹。低层的人需要察言观色,才能抓住生存机会。遇到困难的时候,他们也更需要找人帮忙,才能共渡难关。他们要处理的人际关系远比身居高位的人更为复杂。他们要观察老板的态度、部门经理的态度,也要观察同事的态度,每个人微妙的情感反应都被他们一一捕捉。开会的时候你就能注意到这种差异。下属会更专注地听别人讲话,更多地做出言语、表情上的反应;而老板在听别人讲话的时候更不耐烦,根本不看别人的眼神,自顾自地信手在纸

---

[1] 埃米尔·涂尔干.社会分工论.上海:生活·读书·新知三联书店,2017.

上涂鸦。

这说明，现有的企业文化很可能低估了员工对社交归属感的需求。企业是个团队，团队需要集体主义的凝聚力，但很多企业高管却是缺乏共情力的个人主义者。

***

年青一代的崛起，会对企业的组织文化带来新的挑战。与年长一代相比，年青一代对职场的体验要求更高。他们不像年长一代那样只关注收入和福利，而对工作环境更为在意。从考公务员热潮来看，似乎年青一代变得更保守了，更看重工作的稳定性，但内心深处，他们渴望的是更受尊重、更舒服的人际关系。

他们不喜欢过去企业老板用的那套洗脑式宣传，也不喜欢把企业当成进行军事化管理的兵营。那种一去两三天，唱歌跳舞做游戏的团建，会让自认为还年轻的领导觉得很嗨，但真正年轻的员工却不太喜欢。他们总是保持一定的社交距离。坐在地铁上，看到戴着同一家公司工卡的人，他们会故意转过头，躲得更远，不愿意上前搭讪。他们这一代对游戏非常熟悉，也希望工作场景更像一个大型的角色扮演类游戏。积分、勋章、排行榜是他们喜欢的奖惩机制。玩家组队，是他们熟悉的合作和竞争机制。用曲线和图形显示企业的绩效评估，能让他们一目了然。他们在校园里浸淫多年，喜欢在公司里套用学校里的人际关系。他们会把同事称作同学。谷歌就把自己的新员工称作 Noogler（New Googler，谷歌新员工），现有的员工称作 Googler（谷歌员工），离职的员工称作 Xoogler（ex-Googler，前谷歌员工）。这样就能从组织内到组织外，一直推进谷歌的文化传承。①

每个员工都有对社交归属感的需求。只关注员工的满意度是不够的。更重要的是，要让员工感到自己融入了组织。员工有了融入感，才能有忠诚度。

找到做事的意义很重要

1929 年，一场经济危机袭击了奥地利小镇马林塔尔。这座小镇原本以纺织业闻名，棉纺厂和毛纺厂的机器日夜轰鸣，生产出来的花布销往匈牙利和巴尔干半岛。经济危机来了，订单消失了，工厂破产了，工人失业了。大部分居民靠领取失业救济金勉强度日。

几位年轻的学者来到马林塔尔做调研。他们来自维也纳心理研究所。因为马林塔尔原本是劳工运动的大本营，所以，这些研究者推测，经济危机宣告了资本主义的崩溃，马林塔尔的失业者马上就会发动革命。这些年轻学者想见证革命，记录历史。

他们在当地观察了几个月之后发现，和当初的猜想恰恰相

---

① BOSS 直聘，《重塑时代——2021 人才资本趋势报告》。

反，失业工人没有团结起来抗议，也没有上书请愿，他们只是逆来顺受。他们过去热心公益、互相友爱，如今变得悲观失望、刻薄无情。他们会互相举报，指责别人在领救济金的时候"骗保"。他们虽然很穷，但仍能吃饱饭。失业之后多出来的空闲时间，不是可以多陪陪家人、多读读书吗？没有。马林塔尔的居民变得啥也不想干，他们不戴手表、不看时间，失去了时间观念。

关于马林塔尔的研究表明，工作除了赚钱糊口，还具有更多的潜在社会功能。它提供了秩序和尊严，为人们指明了集体目标。没有工作带来的人生意义，个人生活和社区生活都会分崩离析。马林塔尔的研究者得出一个结论：闲暇被证明是一份悲剧性的礼物。[1]

这提醒我们，不能忽视工作的第三个意义：工作能帮助人们找到生活的意义。

***

积极心理学家马丁·塞利格曼曾说道："如果人们在自己的工作和对他们有意义的社会事务之间能建立联系，他们就会获得更多的满足感，面对压力时也能更好地适应，工作中也更容易妥协。"

---

[1] 埃伦·拉佩尔·谢尔. 工作——巨变时代的现状、挑战与未来. 北京：北京时代华文书局，2021.

这种意义感人人都需要，但对普通人来说更重要。一个良好的社会，有义务让每一个平凡人都能感受到自己的社会价值。一生呼唤公平与正义的马丁·路德·金，在遇刺之前，向田纳西州孟菲斯罢工的清洁工人发表演讲时说道："如果我们的社会要维持下去，总有一天它要改变到尊重清洁工人，因为那些替我们捡起垃圾的人归根结底是和物理学家一样重要的。如果清洁工人不干活儿了，疾病就会蔓延。所有的工作都是有尊严的。"[1]

如果一个社会做不到这一点呢？那就会引发一系列的社会问题。两位来自普林斯顿大学的经济学家安妮·凯斯和安格斯·迪顿发现，虽然同样是穷人，但美国白人中穷人的自杀率比黑人中穷人的自杀率更高。大量穷困的白人死于自杀、吸毒过量和酒精性肝病，他们把这种现象称为"绝望而死"。1990—2017年，在45~54岁的白人男女中，"绝望而死"的人数增加了三倍。安妮·凯斯和安格斯·迪顿总结说："绝望而死"反映的是那些受教育程度较低的工薪阶层白人正逐渐丧失自己的生活方式，不知道该怎么活下去。[2]

***

这是美国式资本主义的傲慢带来的恶果，美国作家库尔

---

[1] 迈克尔·桑德尔.精英的傲慢.北京：中信出版社，2021.
[2] 安妮·凯斯，安格斯·迪顿.美国怎么了.北京：中信出版社，2020.

特·冯内古特在《五号屠场》这本小说中写道:

美国是地球上最富有的国家,但该国人民大多贫穷。他们强调贫穷的美国人应该憎恨他们自己。用美国幽默作家金·哈伯德的话来说:"穷没有什么不光彩,但挺丢人的。"事实上对于一个美国人来说,穷是一种罪恶,尽管美国是一个穷人的国家。其他每个民族都有自己的民间传统,赞颂贫穷但异常智慧和高尚的人,因此这样的人比有财有势者更值得尊重。美国的穷人中没有此类故事。他们嘲笑自己,仰慕处境优越的人。

库尔特·冯内古特接着写道:

美国人,就像其他地方的人类一样,相信很多显然不真实的东西。他们最具破坏力的谬论是每个美国人都可以轻而易举发财。他们不承认事实上挣钱是何等困难,因此没钱的人一而再、再而三地责怪自己。这种内在谴责对于有钱有势者弥足珍贵,他们因此不管在公开场合还是私下,都不必为穷人多费心思。[①]

就是这样的社会流行叙事,破坏了做事本应提供的社会意义。哈佛大学教授帕特南写过一本《我们的孩子》,里面讲到,美国人的黄金时代是 20 世纪五六十年代。那个时候,一

---

① 库尔特·冯内古特. 五号屠场. 北京: 译林出版社, 1998.

个普通的美国人，不用考上大学，不需要远走他乡，总能找到一份不错的工作，比如进一家工厂当工人。有了这份工作，他就能够获得稳定的收入，买得起房，买得起车，交得起孩子上大学的学费。这就是所谓的"美国梦"。

那时候之所以能成为美国人的"黄金时代"，跟许多因素有关。当时美国实行的并不是自由放任的资本主义，而是有意识地节制资本，缩小贫富差距。当时是美国战后的生育高峰，"婴儿潮"一代成长起来，创造了美国的"人口红利"。但还有一个重要的原因，就是当时的美国社会不像现在这样"势利眼"。穷人的孩子和富人的孩子上的是同样的学校，生活在同一个社区。这种平等的互动形成了宝贵的社会资本。[1] 对于经济增长和社会稳定而言，社会资本是弥足珍贵的。

---

[1] 罗伯特·帕特南. 我们的孩子. 北京：中国政法大学出版社，2017.

第三章
如何找到你最想干的事，而且还能赚钱

乔布斯没有说实话

2005年6月12日，乔布斯应邀在斯坦福大学的毕业典礼上发表演讲。他讲到自己从里德学院退学的故事，也讲到被苹果公司解雇的故事，还出人意料地在公开场合讲到自己已被确诊患有癌症。这也是网络上流传最广的励志演说。

乔布斯在演讲中说[①]：

我确信，这些年来让我继续走下去的唯一原因就是我爱我做的事情。你得找到你热爱的。工作如此，爱情亦然。你一生中大部分时间会投入工作，唯一获得真正满足的办法就是，做你相信是伟大的工作。唯一做伟大工作的办法是爱你所做的事。

---

① Steve Jobs. "Stay Hungry. Stay Foolish". Commencement address at Stanford on June 12, 2005.

《史蒂夫·乔布斯传》的作者沃尔特·艾萨克森说:"有些演讲可能更重要,如乔治·马歇尔1947年在哈佛大学的演讲——宣布重建欧洲的计划,但是,没有哪个演讲比乔布斯的更富魅力。"[①]

但是,乔布斯并没有说实话。

乔布斯年轻的时候最喜欢的是禅宗。他去过印度,在印度的农村待了7个月,还曾经想过要去日本,到永平寺修行。回到美国,他一直跟着一位日本禅师乙川弘文修行。如果真的是追随自己所热爱的,那乔布斯应该进寺庙,而不是在硅谷开公司。事实上,年轻的时候,乔布斯时常会提起,要不要干脆去寺庙里出家。乙川弘文制止了他。他说,乔布斯完全可以边工作边修行。

为什么乔布斯不去做自己最有热情的事情呢?

因为,热爱并不是找事的时候需要考虑的唯一因素,甚至不是最重要的因素。

兴趣—天赋—社会需求三要素模型

我们先用一个三要素模型,梳理一下思路。

想要找到一件自己想做,又能带来社会成就感的事情,大致需要满足三个要素:兴趣、天赋和社会需求。见图2-1。

[①] 沃尔特·艾萨克森.史蒂夫·乔布斯传.中信出版社,2014.

第一，兴趣。也就是乔布斯所说的，要热爱你做的事。虽然热爱不代表一切，但没有热爱，一定会让你感到缺憾。你要想明白，你所选的事，可能需要每周至少花 40 个小时去做，如果没有兴趣，工作就成了苦役。

第二，天赋。也就是说，你做这件事得心应手，恰好能发挥自己的优势。每个人都有特殊的天赋。什么才叫天赋？有人有舞蹈天赋，有人有运动天赋，但这只是一类较为特别的天赋而已。事实上，每个人都有自己的天赋。使每个人形成自己独特的性格和价值观的就是天赋。

第三，社会需求。也就是说，你做的事情满足了别人的需要，有很多人愿意为你买单，于是，你可以从这件事中获得充足的金钱回报，或是提升自己的社会地位。

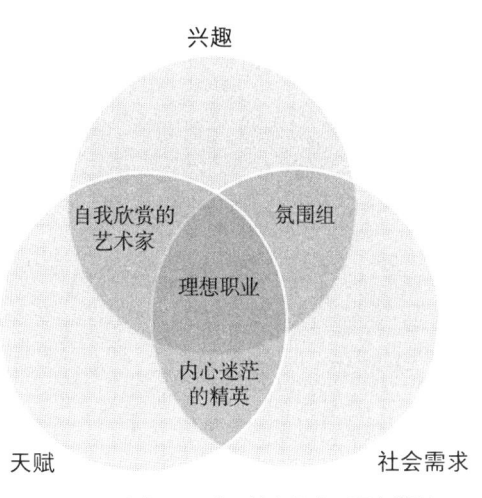

图 2-1　兴趣 - 天赋 - 社会需求三要素模型

最理想的状态就是找到了一件你既愿意干，又能把它干好，干好了还能赚钱的事。假如这三个要素都具备，那你就不需要患得患失，也不需要在意曲折坎坷了，认准的路，坚持走下去就好了。要相信，长期主义自然会创造出更多的红利。

能够找到这样命中注定的事业，要靠不断去尝试，当然，也要靠运气。以我自己的例子来说吧，幸运的是，我很早就找到了自己想要做的事。从上中学的时候，我就有一种感觉，自己这辈子要做的事情一定是跟读书、思考和写作有关。其他事情很难勾起我的兴趣。在学校里，我是一个古怪的学生，成绩忽上忽下，上课不认真听讲，作业不认真完成，但酷爱读书，也爱写作。初中时发表了第一篇习作，还编过校园小报。在学校读书的时候我就发现，登台演说和参加辩论，对我来说几乎没有什么障碍。大学毕业，我什么工作都没有找，直接报考了硕士研究生。读完硕士读博士，读完博士，我什么工作也没找，直接留在研究所里。我想，这种生活，即使没有金钱收入，我也愿意过，更何况国家还给我发工资，这当然就是我的理想人生了。

不过，即使像我这样的人生经历，看起来一帆风顺，其实也有低谷和弯路。这是在所难免的。关于这一点我们在后面还会讲到。现在，我们要讨论一种更为普遍的情况，在很多时候，人们很难顺利地找到同时能满足自己的兴趣、天赋和社会需求的理想职业。有的时候，我们可能只能满足其中的两个要素，而第三个要素是无法实现的遗憾。要是遇到这样的情况，我们该怎么做呢？

***

先看第一种情况：你有兴趣，这件事也有社会需求，但你的天赋有欠缺，怎么办？

比如，你想当歌星，但音域不广；你想打篮球，但个子不高；你想当医生，但晕血。这些先天不足会给你的追求制造障碍。想放弃吧，心有不甘，继续努力，又看不到希望。有的人遇到这种情况，就轻易放弃了，但终其一生，都会留下遗憾。还有一些人会选择痴心不改，跌跌撞撞地往前走，直到撞上南墙，碰得头破血流。这两种选择都不是最理想的，其实，可以有更好走的路。

有不少人会觉得一种职业就像是一棵树，每种职业都是独立的，就像每一棵树都和其他的树保持距离。其实，职业更像一片森林，或者更准确地说，职业就像一个生态系统。在一个生态系统中，有多种多样的物种，形成了彼此依赖的共生关系。所以，更好走的路是先进入这个生态系统。

举个例子。娱乐圈是个生态系统，如果你做不了歌星，还可以当歌星的经纪人，如果当不了歌星的经纪人，还可以当化妆师。如果你当不了导演，还可以当制片主任，如果当不了制片主任，还可以当场记。同样，体育界也是个生态系统，如果你当不了奥运冠军，还可以当体校教练或运动康复师。文学界也是个生态系统，如果你当不了作家，还可以当编辑。就算是爱好游戏，也有多种选择，当不了电竞选手，可以当游戏的Up主（uploader，上传者）。每个行业都是一个生态系统。先进去，再晋升。

进入生态系统，就能找到你最喜欢的那种环境。草原有草原的辽阔，热带雨林有热带雨林的神秘，湿地有湿地的秀美。同样，娱乐圈喧闹，金融界亢奋，学术圈孤傲，找到适宜的环境，你才能更好地滋养自己的兴趣。就算你进入这个圈子之后，所做的不过是跑跑龙套、搞搞气氛，但这份氛围组的工作，足以让你有个容身之地，帮你生存下来。

生存下来之后，你有两种发展的可能性。一种是进了圈子，知道了很多在圈子外无法获取的信息，学会了圈内行家教给你的技能，时刻在前沿，成长得更快。一旦属于你的机会到了，近水楼台，你就能实现自己起初的梦想。用这样迂回包抄的方法，反而胜算更大。另一种可能性是，虽然你无法实现最初的梦想，但一样可以分享行业成长带来的红利。恭逢盛会，与有荣焉。

有个例子可以跟你分享，有个小伙子叫靳星，他从小就喜欢打篮球。靳星身高178厘米，这个身高在篮球圈里并不被看好。虽然很多人冷嘲热讽，给他泼冷水，但靳星还是矢志不渝。他说，因为心有不甘，所以才会更加强大。打篮球，矮是短板，但也能变成优势，球场上更有利于控制地面。于是，靳星在训练中特别注重体能和弹跳。从北京体育大学毕业之后，靳星进了浙江广厦篮球队，成为一名职业篮球运动员。2005年，他获得全国第一届NBA中国行嘉年华篮球扣篮大赛冠军。

不过，靳星进入广厦队不到一年就选择退出。他发现球队的军事化管理和对队员的严格约束让人很不舒服。退出球队之后，他选择成为一名篮球教练，后来又自己创业，开了一家公司——东方启明星。他曾经去美国一家著名的篮球培训机构学习，从此更坚定了要走商业化的道路。东方启明星自2009年创办以来，已经在全国近百座城市开设了600个校区，拥有7万名学员，成长为一家集篮球培训、赛事经营、球员经纪、体育留学和运动装备为一体的体育公司。

靳星的故事告诉我们，在自己喜欢的职业生态系统中，睁开眼睛多去寻找，就能找到更适合自己发展的生态位。只要想做，能做的事会有很多。条条大路通罗马。

***

再来看第二种情况。如果你有兴趣，也有天赋，但你想做的事却找不到社会需求，你很难靠这件事获取足够的经济收入怎么办？

比如，你爱好打猎，也有打猎的天赋，你善于辨识动物的踪迹，而且枪法很准。如果是在以狩猎为生的部落里，你将是部落里的英雄，但是在如今这个社会，除了在电子游戏里，好像很难找到猎人这种职业。打猎，就从原来的谋生手段，变成了纯粹的业余爱好。再比如，你爱写诗，而且是写旧体诗。在古代中国，写诗不仅是文学创作，还有世俗的功能。在唐朝，如果诗写得好，更容易中举，也就有更多的机会当官。唐朝出了那么多诗人，就跟这样的激励机制有关。① 但是，如今，旧体诗已经没有太多的读者，于是，写旧体诗的才子只能在网络上形成自己的小圈子，孤芳自赏。写诗就成了一种纯粹的业余爱好。

业余爱好不足以养家糊口。那么，找份稳定的工作先养活自己，才是更明智的选择。伟大的文学家陀思妥耶夫斯基说："穷人最重要的美德就是会赚钱，道德就是一个人不该成为其他任何人的累赘。"② 在麦卡锡主义盛行的时代，爱因斯坦曾在一次采访中对记者说，如果重新让他选择，他会选择当一名水管工或小商贩，而不是科学家或学者，因为水管工和小商贩才能拥有更多的独立性。美国的水管工协会立即提名爱因斯坦为荣誉会员，并给他寄了一套操作工具。1917 年，著名诗人艾略特在伦敦接下了劳埃德银行职员的工作。在银行工作 5 年之后，34 岁的艾略特承认："一想到一辈子要待在那里，我就觉得悲哀。"他的文坛友人感受到他的疲累，想出了一个解救艾

---

① 宇文所安.盛唐诗.上海：生活·读书·新知三联书店，2014.
② 费奥多尔·陀思妥耶夫斯基.穷人的美德.天津：天津人民出版社，2007.

略特的办法：由诗人埃兹拉·庞德登高呼吁，成立了一个每年300英镑的基金，由30名认捐者每人每年出资分担10英镑。艾略特知道这个计划之后，虽然感激，却也尴尬。他喜欢劳埃德银行提供的保障和独立。他在那里一直待到1925年，才接下费伯-格怀尔出版公司的主编一职。[①]

如果能有一份稳定的工作支持自己的兴趣爱好，哪怕这份工作非常枯燥，也会变得没有那么难以忍受。不过，时代在变化，如今，把兴趣当成业余爱好不再是唯一的选择。

在互联网时代，非主流的小众群体更容易被聚合起来，这就给一些在细分领域有天赋的人带来了机会。著名科技作家凯文·凯利甚至提出了"1 000个铁杆粉丝"理论。凯文·凯利说，你不需要成为大众都知道的名人，你只需要成为一个微名人。如果你有1 000个铁杆粉丝，也就是说，无论你创作出什么作品，这1 000个铁杆粉丝都愿意付费购买，那么假设他们每人愿意为你出300元钱，那你一年就有30万元的收入。300元大概是进城务工人员在工地上工作一天赚到的钱。30万元大概就是中国一个中产者的年收入了。只要你能够吸引一定量的铁杆粉丝，就足以养活自己。这个收入虽然不足以让你实现财务自由，但可以让你过上体面的生活，心无旁骛地做好自己想做的事情。

我们来看一个案例，看看为什么很小众的爱好，也能使年

---

① 梅森·柯里.创作者的一天世界.上海：上海文艺出版社，2019.

轻人成功创业。有一位"90后"的苗族姑娘叫潘雪，出生在贵州凯里市的淑里村，大学毕业之后，她选择回到家乡，跟着师傅学习手工制作银饰的工艺。银饰在苗族文化中已有千年沉淀。当地有句话："锦鸡美在羽毛，苗女美在银饰。无银无花不成姑娘，有衣无银不盛装。"潘雪年纪很小的时候，有一次跟着奶奶去一个银匠师傅家，第一次看到这些银饰都是师傅一锤一錾做出来的，觉得很神奇。按照苗族的传统，银匠手艺是父承子传，传男不传女。但是，这门手艺日益凋零，年轻人都外出打工，老银匠的手艺快要失传了。银匠师傅看到潘雪感兴趣，就叫她来帮忙。于是，她开始跟着师傅学习银饰锻造。

潘雪是回乡当学徒了吗？不是的，她是在创业。为什么潘雪的师傅没有创业，反倒是她创业了呢？因为潘雪发现了年轻人中出现的一个小趋势：他们喜欢新奇的潮品，也喜欢有传统色彩的工艺。但怎样才能做到又潮又传统呢？潘雪有办法。她会拍摄短视频，会做直播，还懂年轻人的心。她善于推陈出新，推出深受年轻人欢迎的潮品。传统的苗族银饰，以大为美、以多为美、以重为美，不适合城市女孩日常佩戴。潘雪尝试运用传统的敲锤錾刻工艺制作现代流行的样式，比如，她灵机一动，想出来一个点子，用花丝工艺编织小猪佩奇，结果大受欢迎。潘雪已经吸引了更多小伙伴加入，一起复兴传统的银匠工艺。

＊＊＊

第三种情况是，你有天赋，做的事情也有社会需求，但这件事情却让你觉得索然无趣。怎么办？

比如，你对数字很敏感，做会计工作做得很顺手，这份工作也能给你带来稳定的收入，但你总是心有不甘，觉得自己不应该一辈子和账本打交道。再比如，你学的是法律，擅长做兼并收购。虽然这份工作能带来的金钱收入很多，但你却感到很困惑：我究竟有没有创造出社会价值？

你的困惑可能出于两个原因。

第一，你可能对其他职业有过于浪漫的想象。你觉得一份好的工作一定要是轰轰烈烈的。但事实上，没有一份工作是完美的。马戏团里的驯兽师骑着海豹在水里穿行，看起来很酷、很好玩，但你看不到下台之后，他还要清理海豹的皮肤和粪便。

第二，你做的事情很可能属于大卫·格雷伯所说的"狗屁工作"，它只能带来虚荣，不会带来发自内心的自豪感。

如果是第一种情况，你或许需要反躬自省，看看自己有没有忽视平凡工作的非凡之处，看看这份工作能否给你提供技能上的挑战，激励你把看似平淡无奇的工作做到艺术的最高境界。又或许，你需要的是培养自己的业余爱好，对冲工作中的单调无聊。工作并不是生活的全部，有没有业余爱好与生活质量有很大关系。有自己的爱好，才能像菜里有调味品一样，让你的生活有滋有味、活色生香。体育运动、艺术创作、唱歌跳舞，或者是参加公益活动，都能帮助你找回活力。

如果是第二种情况，你或许需要做个了断，看看自己是否真的别无选择。"狗屁工作"外表光鲜，其实是有毒的。这种毒素会侵蚀人的心灵，时间久了，就很难排毒。有的工作不单单是无聊，它还要求人说谎，欺凌弱小者，伤害无辜者。你最好趁早离这些工作远一些。换一份工作，一样能自食其力。

莱昂纳多·迪卡普里奥主演过一部电影《猫鼠游戏》。这是一部根据真人真事改编而成的电影。故事中的人物原型是弗兰克·阿巴内尔。他是个骗子，而且骗术极为高明。他伪造银行支票骗钱，大胆心细，从未失手。他还冒充过飞行员、教师、医生、律师、监狱管理局的工作人员，竟然都没被识破和揭穿。虽然他能用骗来的钱过着纸醉金迷的生活，却活得心惊胆战。法网恢恢，疏而不漏，他终于被绳之以法。出狱之后，他换了一份职业，从原来的诈骗犯变成了联邦调查局的专家，用他的经验和技能抓捕诈骗犯。一样的天赋，用于邪道，会让人堕落；用于正道，会让人升华。善恶只在一念之间。

兴趣来自哪里

让我们回过头来，再一一看兴趣、天赋和社会需求这三个要素。

先说兴趣。关于兴趣，乔布斯没有告诉你的是，兴趣是很难被发现的。有时候，在表层的兴趣下面，还隐藏着真实的兴趣。

有些兴趣比较容易被发现，比如，喜欢唱歌、喜欢写作、喜欢当模特等。这些兴趣会在一个人的早年就显露出来，你能不能做得好，很容易分辨出来。

但大部分兴趣很难被发现。推销员的工作有没有意思？产品经理的工作有没有意思？人力资源部经理的工作有没有意思？当然会有人觉得有意思，但这些职业都需要一个平台，而且需要与人交往，亲身体验。你不进到这个行当浸淫很多年，很难体会到个中滋味。绝大部分兴趣是需要在实践中培养出来的。

可是，我们现在遇到的一个问题是，学校教育和职业体验离得越来越远。学生在学校里能够接触实践的机会太少，这就给他们选择职业、找到自己想做的事增添了困难。如果有条件，应该让孩子们尽早、尽可能广泛地接触现实生活，这样才能让他们更快地找到自己想做的事情。

还有很多兴趣只是表面的兴趣，真正的兴趣隐藏在背后。

举个例子，你问孩子，尤其是男孩子，他们会告诉你，自己的兴趣是打游戏。真的是这样吗？

我曾经采访过四川成都一家很另类的学校，叫"先锋学校"。先锋学校是一所可以通宵打游戏的学校。不想上课，只想打游戏，可以，老师会陪着你打游戏。孩子可以用打游戏换学分。这不是完全放羊了吗？那孩子还不都打游戏上瘾了？

结果怎样呢？大部分孩子刚来的时候，会先没日没夜狂打游戏。之后，短则数月，长则一年，大部分孩子会自己戒掉游戏瘾。只有极少数孩子是一心一意要当电竞选手的。大部分孩子发现，自己根本就没有那种天赋。

那他们为什么要打游戏？有的孩子是对剧情感兴趣。那电影、小说里的剧情不是更精彩吗？于是，有的孩子就改学创作了。有的孩子发现，自己是想找人组队，他们是想在游戏里交朋友。有的孩子明白了自己其实是对人感兴趣，于是他们选择了去读心理学。

***

乔布斯也没有告诉你另一个事实是：兴趣不等于激情。兴趣可以持续很久，激情只能灿烂一时。一方面，你要学会利用激情。激情就像显影剂，能够让你更好地发现自己的兴趣。但另一方面，你要学会把激情转为平静，才能让自己的兴趣长久保持下去。

这听起来很玄，怎样才能既利用激情，又把激情转化为平静呢？我来为你做个示范。其实很简单，那就是做白日梦。我经常跟学生说，要学会做白日梦。

举个例子。你可以闭上眼睛，想象一下：有一天，我当上了财政部部长或是央行行长，那是一种什么样的生活？你要去开一些很重要的会议，商讨国家的大政方针。你要代表中国去跟别的国家谈判，捍卫中国的利益。

或者，你是某座大城市的市委书记，或是某省的省委书记，你必须殚精竭虑，处理好摆上办公桌的每一个问题。你成功地缓解了北京的交通拥堵问题。你让广东变成了外来人口最愿意来，也最愿意留下的地方。下属都觉得你是个有人格魅力的领导，公众认为你是最廉洁、最有才干和亲和力的官员。

你再闭上眼睛，继续做白日梦。想象一下你成了《财富》世界500强企业的CEO。你的商业帝国有上万名员工，他们都以在你这家公司工作而自豪。你一家企业的市值，相当于几个小国的GDP总和。你创造的商业传奇激励着无数年轻人。你倡导的商业理念得到众多企业家的追捧。

不要把眼睛睁开，请你继续做白日梦。想象一下你去做学问，获得了诺贝尔经济学奖。哈佛大学和斯坦福大学争着要请你去任教，但你毅然拒绝了他们的邀请，回到中国，把自己的才华贡献给祖国。全世界最优秀的人才都要来跟着你学习经济学。《财富》世界500强企业都想请你当他们的顾问，但是你太忙了，根本不想搭理它们。

梦醒了，你会发现，自己可能无法这么成功。

你可能没办法当上部长或省长，最后只当了县长或处长。你可能当不了《财富》世界500强企业的CEO，只能当个中等规模企业的CEO，或是自己开了一家小公司。你也没有拿到哈佛大学的聘书，最后去了普通大学任教。那么，你做的白日梦有什么意义呢？

在体制内，你会发现，县长操心的事跟总理操心的事都差不多，处长干的活与部长干的活也都差不多。在县长的位置上同样要处理千头万绪的工作，很多事情一样需要你最后拍板。在处长的位置上同样要制定具体的政策，一样也含糊不得。

在企业里，你会发现，一个中型企业的 CEO 关心的事情与乔布斯、比尔·盖茨关心的问题是一样的，也要操心怎么设计新的产品，怎么控制产品质量，怎么完善工作流程，怎么融资投资，怎么管好员工。

在学术界，你会发现，哈佛大学教授和普通大学教授的生活内容也几乎是一样的。一样都要教课、发表论文、写书、做课题、评审课题，一样都要带学生，指导学生写论文。

这就是做白日梦的意义。

在每一个圈子里，工作方式大致都是一样的。你能做得多成功，受到各种因素的影响：天赋、勤奋、运气都很重要。能走到山顶的人总是少数的。但如果你真的有兴趣，而且你的目标并非不切实际——你想成为合格的一员，甚至是优秀的一员——那并不是什么太难的事情。

做白日梦，其实就是让你尽早去获得真实的职业体验。用心揣摩，找找感觉，看自己会不会觉得这事很嗨。能找到那种很嗨的感觉，你大概就能确定自己的兴趣在哪里了。

***

我们还可以把这个道理进一步引申。到最后,你会发现,人生的种种事情都是始于激情,归于平静。

比如,请你想一想,美满的婚姻是什么样的?

你肯定觉得,美满的婚姻一定满是爱意,要有美酒、美景、音乐,温馨又浪漫。

其实,即使在美满的婚姻中,这样的美好时刻也是少之又少的。我们可以把婚姻生活装进三个盒子:美好盒子、中性盒子和糟糕盒子。美满的婚姻和失败的婚姻有什么区别呢?不是说美满的婚姻有更多的美好时刻,而是美满的婚姻会减少被放进糟糕盒子里的时间。失败的婚姻之所以失败,就是因为被放进糟糕盒子里的时间太长了。[1]

所以,美满婚姻的诀窍是要尽可能缩短糟糕盒子里的时间。如何才能做到这一点呢?那就是要增加中性盒子里的时间。中性盒子里的时间看似平平淡淡,但平平淡淡才能从从容容。中性盒子是有效避免冲突的避风港。

爱情如此,事业亦然。除了少数职业,或者说,其实所有的职业,都像是一座围城,里面的人想出去,外面的人想进来。

想明白这个道理,你就知道,要用激情点燃兴趣,再用实

---

[1] 约翰·戈特曼,娜恩·西尔弗. 爱的博弈. 杭州:浙江人民出版社,2014.

践滋养兴趣,最后要用智慧让兴趣归于平淡。

天赋究竟是什么

天赋?什么天赋?我可没有天赋。

很多人都把天赋想象成只有极少数人才有的东西。我们赞美通过后天努力达到的成就,但在内心深处,人们有一种潜意识,会更羡慕天生的成就。我们总觉得伟人之所以伟大,是因为他们具备了非凡的能力:高斯小时候就是个数学天才,毕加索一出生就会画画,姚明天生就会打篮球。

其实,这种流行的观点混淆了天赋、能力和成就三者之间的关系。天赋加上努力,才可能转化为能力。能力加上运气,才可能获得成就。

天赋并不是让人望尘莫及的东西。达尔文和列夫·托尔斯泰在小时候都曾被看作很普通的孩子。迈克尔·乔丹在高中时被校队淘汰了,他也没有进入希望效力的北卡罗来纳州立大学。本·霍根姿势不够协调,却成为极优秀的高尔夫运动员之一。皮特·格雷是一名独臂的棒球运动员,却打入了大联赛。身高只有160厘米的马格西·博格斯也能在NBA打球,而且是NBA表现最杰出、失误最少的后卫。

话虽如此,但为了获得成就,你必须先具备能力,最好的办法是先了解自己的天赋。所谓的天赋,其实就是使我们每个人成为自己的那种特质。为什么每个人都会与众不同，有自己的独特天赋呢？说到底，是因为基因先天决定了我们有不同的特质。也就是说，我们每个人出生的时候都不是一块"白板"，而是预装了一套系统。你的很多心理特性，你的很多行为方式，甚至你的道德观念，在很大程度上都是由这套预装系统，也就是基因，先天决定的。

***

行为遗传学发现了很多相关的证据。比如，同卵双生子之间的相似度要远远超过异卵双生子。分开抚养的同卵双生子之间的相似度也非常高，以至于再度重逢的时候，他们会被彼此的相似程度震惊。有血缘关系的兄弟姐妹之间的相似度，要远远高于被收养的兄弟姐妹之间的相似度。

这背后的原因就是基因带来的差异。有时候，单一基因就可能导致个体间的差异。比较有名的例子是，Foxp2 基因（叉头框 P2 基因）可能是导致语言障碍的原因。D4DR（一种遗传基因）多巴胺受体基因如果比常规长度更长，这种人就很可能成为一位喜好刺激的探险者。17 号染色体上面的抑制 5-羟色胺递质的基因链较短，这种人更容易变得神经质，很难适应社交场合。[1]

在大多数情况下，个体之间的差异是多个基因共同作用的

---

[1] 史蒂芬·平克.白板.杭州：浙江人民出版社，2016.

结果。虽然人们对这种作用的机制尚未完全明了，但却能认识到，正是不同的基因，能够让人变得或聪明，或善于表达，或勇于冒险，或羞怯，或乐观，或有责任感，或神经质，或开放，或内向。心理学家认为，人格方面的差异主要体现在五大方面：开放性、责任心、外向性、宜人性，以及神经质性。这些人格维度都具有可遗传性。在具有典型代表的人群中，有40%~50%的差异都与遗传基因有关。

当然，这并不是说基因能够决定一切。你还需要记住：第一，基因的大部分作用只是一种概率。受到基因的影响，你只是更有可能表现出某种特质。第二，基因的作用通常取决于环境。粗略地讲，在导致个体差异的因素中，大约有一半可以由基因解释，而另一半则要由环境解释。打个比方，同一种玉米，生长在不同的土里，一块是干旱的，一块经过灌溉，生长环境不同，玉米长的高度也不同。

了解这一点，与要找事做有什么关系？你需要先了解自己，才能更好地找到和自己匹配的事情做。外向的人更适合做销售，或者也可以去当外交官，因为这类人更容易和陌生人迅速破冰并进入深度沟通。同理，正直的人更适合做法官，想象力丰富的人更适合搞创作。如果你是一个特别认真，容不得一点差错的人，审计师这份工作就是为你而设的。如果你是一个有共情能力、充满爱心的人，就能成为一名优秀的老师。

***

职业教练大多会教你如何找到自己的特质。他们喜欢使用一种叫"霍兰德代码"的测试方法。这种方法根据约翰斯·霍普金斯大学心理学家约翰·霍兰德在20世纪70年代提出的人业互择理论，把受试者分为6种类型[1]：

实务型（R）：你可能擅长修理，喜欢户外活动或运动，更愿意一个人工作，而不是跟一群人合作。

研究型（I）：你可能喜欢学校，喜欢学习新事物。你肯动脑子，喜欢研究和解决复杂的问题。

艺术型（A）：你可能有创造力，喜欢通过艺术、音乐、戏剧或写作来表达自己。

社会型（S）：你可能更喜欢与他人在一起。你喜欢招待客人、组织活动，业余时间你会去做志愿者的工作。

管理型（E）：你可能很有竞争力，喜欢冒险、有说服力、善于激励他人。你更喜欢成为领导者，而不是追随者。你上学的时候总是当班干部，业余时间你也许喜欢投资股票市场。

事务型（C）：你可能非常有条理，效率很高。你注重细节，擅长与数字打交道，更喜欢研究结构而不是即兴创作。业余时间你大概喜欢收集东西，或是玩纸牌游戏。

---

[1] 苏·凯登.如何找到理想工作.北京：北京联合出版社，2020.

这种分类方法当然有参考价值，但其实你还有一种更好的办法，去发现自己的天赋。你需要记住两点：第一，每个人都有所长；第二，自己的所长要有价值。也就是说，只有你能够为别人创造出价值，你的所长才能获得报酬和成就感。

如何才能去发现自己的天赋？一个最有用的办法就是观察身边的人在什么情况下会向你求助。

计算机坏了，他们会找你来修，那说明你是技术高手。买衣服的时候，他们会请你当顾问，那说明你的审美能力很棒。朋友们总是想从你这里打听八卦，那说明你有出众的社交能力。遇到难事，他们总是先来找你帮忙，那说明你的人品值得信赖。

你社交圈中的人比你更了解你最有市场的技能是什么。所以，你在和他们交往的时候需要注意观察：他们向你咨询的问题都是什么；他们找你攀谈的话题都是什么；他们觉得你会感兴趣并向你推荐的书籍和文章都是什么；当你在学校或公司，被分到一个小组完成一项任务的时候，你的角色通常是什么，你是发言人、细节关注者、记录员，还是别的角色？别人就是我们的镜子，从别人的眼里，能看到更真实的我们。

沿着这条思路，你还可以去琢磨，如何才能利用自己的天赋，把自己变成一个解决问题的高手。我们越专注于解决他人的问题，就越会成功。你能解决一个人的问题，就有可能成为那个人的好友。你能解决一群人的问题，就有可能成为那群人的意见领袖。你能解决一个行业遇到的难题，那就有可能成为行业里的"隐形冠军"。你能解决一个国民级的难题,那就有可能创办出一家国民级的公司。

职业的兴衰

1900年,纽约城内有大约800名灯夫,他们的任务是在每天下午6点50分,天光刚刚暗下去的时候,一盏一盏点亮曼哈顿街头的2.5万盏煤气灯。于是,夜晚的城市就有了象征文明的光亮。

灯夫这个工作年代久远。早在1414年伦敦的第一批街灯亮起,这一职业就存在了。到了19世纪末,电灯出现了。最早一批电灯并没有让灯夫失业。当时,每一盏电灯都有一个开关,需要有人手动开启和关闭。灯夫只觉得工作更轻松了。他们不需要再带着长长的火把去点亮街灯。但是,新技术很快就淘汰了古老的职业。到1927年,纽约最后两名灯夫下岗,这个职业从此消失了。[①]

在生命演化的过程中,很多物种会消失,也有很多新物种会出现。职业的演化也是一样,从我们身边消失的工作数都数不过来。

以前,电梯里会坐着一位阿姨。你说去几楼,她就用一根

---

① 卡尔·贝内迪克特·弗雷.技术陷阱:从工业革命到AI时代,技术创新下的资本、劳动与权力.北京:民主与建设出版社,2021.

小木棍戳一下标有那层楼号的按钮。以前，打电话要先拨总机号码，有个接线员接转，你才能和家人朋友通话。以前，拍照片的时候要用胶卷，拍完的胶卷要在暗房里冲洗才能成像。以前，蜂窝煤是居民的主要燃料，得有人将煤粉碎、和泥、搅拌，再用一把带长柄的工具一块一块挤压出蜂窝煤。以前，铁道上有专门的扳道工，根据车站值班员的指示，及时准确地扳动道岔，确保火车顺利进站。如今，电梯员、电话接线员、暗房冲洗工、打蜂窝煤的工人、铁路扳道工都逐渐消失了。

还有很多职业虽然还在，但已经大不如昔了。

比如货车司机。以前，货车司机曾是极为风光的职业之一。曾有句话："手握方向盘，县长都不换"。如今，拉货车的司机仍然很多，全国大概有1 800万名货车司机，这些货车司机平均每年为我们每个人运输和接收24.5吨货物。但这个行业越来越不好干了。车多货少，运费一降再降，竞争越来越激烈。卡车司机平均每天开车时间在6~8小时，重卡司机持续开车的时间最长，每天超过10小时。他们平均每年的行驶里程为10.4万千米，收入为10.7万元。[1]里程表上每增加1千米，银行账户就会增加1元收入。

再比如土木工程师。B站上有个叫大猛子的小伙子非常火。

---

[1] 传化公益慈善研究院"中国卡车司机调研课题组".中国卡车司机调查报告（No.1）：卡车司机的群体特征与劳动过程.北京：社会科学文献出版社，2018.

虽然他只有 22 岁，但是体型微胖、皮肤黝黑、身上沾满泥土，看起来饱经沧桑，完全不像他的实际年龄。他的每一条视频都是劝退，他最常说的一句话就是："不学习以后就来跟猛子做同事。"很快，土木工程师成了全网劝退的天坑职业。其实，土木工程也有过非常风光的时候。在 2018 年之前，房地产行业处在黄金时期，从拿地到销售，短短几年房价就会翻几番。那个时候，土木工程师单个项目每年拿到百万元奖金的情况屡屡发生。

就算是现在非常热门的计算机专业，其实也经历过几轮起伏。1991 年美国遭遇经济衰退之后，计算机专业的学生发现工作很不好找，纷纷转行。但谁知，剩下来的一小批学计算机的学生，毕业之后恰好遇到互联网革命的高潮，IT（信息技术）行业的工资飙升。于是，计算机专业东山再起，成为学生纷纷报考的热门专业。但不幸的是，这一届学生毕业的时候，赶上了互联网泡沫破灭，工作又没了。理工科学生再度逃离计算机专业，IT 行业再次遭遇了人才短缺。

***

从这些职业的演化中，我们能得到什么启发？

过去，人们把更多的注意力放在找工作上。人们认为，为了找到好的工作，就必须学习相关的专业，让自己有一技之长。这种思路看起来天经地义，但实际上却忽视了两个重要的变化。

第一，职业的演化速度越来越快。从上大学时选择专业，到毕业后选择职业之间，至少有 4 年的时间差，而 4 年的时间足够让一个行业由盛转衰，或是让另一个行业异军突起。所以，当你看到眼下某个职业很热门，于是，根据当前的就业形势选择了相关专业，那么，等到大学毕业的时候，可能会发现行情已经发生了变化，一脚踩了个空。

第二，专才的风险越来越高，通才的竞争力越来越强。为了适应环境的变化，企业的战略重点和组织结构会不断调整，每个岗位的职责也要随之变化。只有一技之长的专才很容易被淘汰，而拥有复合技能的通才适应能力更强，技术迁移的难度更低，解决问题的能力更全面，因此会格外受到青睐。[1]但在现有的教育体制下，专才很容易培养，通才很难培养。想要把自己培养成通才，就要更主动地制订个人的学习计划，构建一个属于自己的、相对完整的知识体系，并且更多地与实践相结合。

***

当前，选一个热门专业，学一技之长，之后找到一份好工作，这个思路已经越来越不可行了。要想更好地避免踩坑，就要转变思路。经济、技术、社会都在发生剧烈的变化，学会洞察这些变化，才能更好地预测职业的发展。展望未来，有三种

---

[1] BOSS 直聘研究院，《重塑时代——2021 人才资本趋势报告》。

趋势值得关注。

第一个趋势是整个经济会日益数字化。这是由多重因素叠加促成的一股更浩荡的潮流。人工智能等技术不断出现突破，展现出了越来越强大的潜力。人口老龄化导致劳动人口数量减少，劳动力成本上升，这会迫使更多企业加速自己的自动化进程。新冠肺炎疫情旷日持久，新的病毒变种不断出现，会深刻改变人们的生活和工作方式。线上购物、线上会议、线上教学等会成为生活日常。年青一代是互联网的原住民，他们已经像鱼离不开水、鸟离不开天空一样离不开互联网。

这种趋势反映在职场上，我们能看到，一方面，高科技企业会进一步开疆拓土。人工智能专业炙手可热。比如，新冠肺炎疫情防控期间，尽管就业市场不景气，但企业对数字化人才的需求比重却更高了。云计算工程师、运维工程师、后端开发工程师、架构师等都是热门招聘岗位。

另一方面，非互联网公司也在大量地招聘 IT 技术人员。像比亚迪、宁德时代这样的制造业企业都在高薪招聘 IT 人才。智能制造的浪潮才刚刚启动。未来还需要大量懂得把 IT 技术工具应用于各个行业具体场景的人才。有些制造业企业把这种人才称为 BT（Business Technology，商务技术）。和 IT 相比，BT 更抢手。这是因为，IT 和生产技术将结合得更紧密。BT 人才的任务是理解生产流程，了解行业需求，并将行业需求转化为 IT 技术问题，再将这些问题带回去，交给自己的同事。

BT 人才的知识结构、能力和气质都不同于 IT 人才。只懂 IT 不懂实业是不够的。好的 BT 人才，需要一个项目一个项目地做下去，从干中学，找到自己熟悉的领域，深耕下去，同时善于把在一个领域获得的知识和能力迁移到另一个领域。

还有，社会管理也会数字化。从疫情防控就能看出，防控较好的地方靠的不是人为的管制，而是巧借数字化管理之力，更好地掌握人口流动轨迹，更快地实现清零，更快地复工复产。但这次疫情防控期间，同样能看到，智慧城市、智慧社区还存在巨大的改进空间。未来，数字化管理会深入每一个社区，以及城市管理的方方面面，这又会带来巨大的人才需求。这样的人才需要既了解中国的真实国情，又善于利用数字化的新技术和新工具。

***

第二个趋势是和美好生活相关的职业层出不穷。这与经济发展水平的提高，以及代际变化有关。随着经济发展水平的提升，人们对生活品质的要求不断提高。这时候人们才发现，怎样才能过上美好生活，并不是一件很简单的事情。有了钱，可以解决温饱、可以实现小康，但想要过上美好生活，除了钱，还需要更多的东西。怎样过上美好生活，是一种技能，需要学习，学会了之后需要不断实践，而且，很多美好生活是在与人协作、与人交流的过程中实现的。

对美好生活的追求还与代际变化有关。上一代人经历过贫穷和物资短缺的时代，更在意物质追求，但年青一代的眼界更广。他们更在意精神生活。对于怎么过上美好生活，他们也有自己的主张。审美是一种童子功，和上一代人相比，年青一代的审美能力普遍更高。年青一代会更多地重视自由、个性和生活美学。

这些变化反映在职场上，会催生出一批专门服务于美好生活的新职业。对美好生活的向往和不知道什么是美好生活之间的矛盾怎么解决？办法是让一部分人先会玩起来，先会玩的人带动后会玩的人，一起走向共同玩起来的生活。于是，这就会带来巨大的商机。

在很多街角小巷出现了一批热门的咖啡馆、酒吧、瑜伽馆。在商场里出现了密室逃脱、剧本杀、个人造型工作室。在网络上出现了上门喂猫师、宠物行为训练师、哄睡师、网上自律监督师、头皮养护师、代收垃圾网约工、游戏捏脸师、密室剧本设计师、盲盒设计者、铠甲铸造师等。除了这些新业态和新职业，很多传统行业也静悄悄地发生了革命。

比如，过去有很多鲜花店开在医院门口，人们是在看望病人的时候才买鲜花。过去的鲜花店在一年里只有几天生意特别好，比如情人节、母亲节，同样，人们买花是为了送人。现在不一样了，买花是为了愉悦自己。一束花买来是插进自己房间的花瓶里的。2000年，我国鲜切花的销售额不到25亿元，到了 2020 年，已经增长到 318 亿元。送鲜花给自己的年轻人，正在支撑起一个上千亿元的产业。

再比如说，家居设计也跟过去不一样了。以前，家居设计师都依附于房地产商。房地产商考虑的是成本和造价，要求设计师尽可能标准化，一套设计图可能会被用来建造上万套，甚至几十万套房子。买房的人却对此并不在意，他们在意的是房价。现在房价涨不动了，人们才把心态放平了。人们这才发现，买房是为了住得舒服。那么住家的体验就不一样了，有人能把老旧小的房子住出上海滩花园洋房的感觉，有人能把上千万的豪宅住成大学的男生宿舍。当人们对家居的生活质量更关注之后，越来越多的家庭对家居设计有了独特的需求。于是很多家居设计师都开了自己的工作室，他们为家庭服务，而不是为房地产商服务。现在，他们的订单越来越多了。

人们对美好生活的想象是没有边界的。社会潮流中的各种小趋势层出不穷，只要你找到了这样的小趋势，全心全意地服务好这个小趋势，想不赚钱都很难。

***

第三个趋势是很多职业的天花板已经被打破。比如厨师、理发师这样的传统职业，过去，他们的顾客最多只在店里，他们的名气、社会地位、收入都受到限制。现在，厨师和理发师中的明星在网上可以有成千上万的粉丝。像这样突破了天花板的行业越来越多。

当然,你会发现,各行各业的网上明星除了有一手绝活,还要有其他技能,比如,特别能说、有幽默感、有表演天赋、善于与人交流等。这说明,未来的职业靠的不只是专业,而是一组技能。专业只能选一个,技能却可以积攒很多。善于学习技能、组合技能的人才能脱颖而出。

网络上还出现了很多新兴职业。这些新兴职业大多有着共同的特点:明显的低龄化、朝气蓬勃、发展迅猛、深受年轻人追捧。这有好处,也有弊端。好处是给年轻人提供了更多机会,可以让年轻人更快地突破年龄、学历等传统意义上的职业天花板,但弊端是这些职业发展太快,缺乏学校提供足够的职业培训,而且竞争日趋激烈,可能会导致这批年轻人未来的出路越走越窄。

以两个热门职业为例。一是电竞。过去,人们觉得打电子游戏是玩物丧志,如今,电子竞技也成了一项体育赛事。这个行业的从业人员平均年龄在22~23岁。大量优秀电竞选手在15~18岁达到竞技状态的巅峰。相当一部分运动员退役后选择从事赛事和俱乐部运营。另一个是网络直播。由于短视频直播类内容的关注度持续增长,吸引了大量年轻人涌入。这个领域活跃人才的平均年龄不到23岁。[1]

虽然这些行业受到年轻人热捧,但这是典型的"青春

---

[1] BOSS直聘研究院,《突变时代——2020人才资本趋势报告》。

饭"。真正能够脱颖而出成为明星的实属凤毛麟角,而且谁能成功,在很大程度上是运气说了算。大部分从业者年纪再大一些,就会遇到转型的难题,但他们的职业发展路线并不清晰,未来会走出什么样的道路,还很难说。

总之,为了找到有意思的事,你必须学会洞察社会需求的变化,把所有的雷达都打开,走出你熟悉的小圈子,换一个不同的视角去观察生活,做一个有心人,找到那些可能成为未来潮流的小趋势。

先拿到一张入场券

如果找到了自己想做的事情,总还要让它落地。按照传统的模式,这意味着你就要找到一份工作。你在内心曾无数次想象过自己的未来,为它兴奋,也为它惶恐,但真正重要的是迈出第一步。你需要先拿到一张入场券。

刚步入社会,想找一份工作,你会怎么做?

大部分人会采用常规模式:先找招聘信息,然后投递简历。然后呢?

等待。

继续等待。

没有任何回信。

这种靠投简历找工作的方式是最常见的。翻开一本关于求职辅导的书，你会发现其中大量篇幅也是按照这种常规模式，教你怎样搜索职位信息、制作求职简历、应对公司面试。这种求职模式之所以流行，是因为这似乎是劳动力市场上买方和卖方直接谈判的最有效的方式。这种方式的特点是通过专门的人力资源招聘程序筛选人才。求职者先递交简历，然后再参加面试。通过简历和面试，雇主希望了解求职者的真实信息；通过面试和到公司实地去看，求职者也希望了解雇主的真实信息。有些信息从简历中能够清晰地反映出来，比如求职者的学历、专业、工作经历。有些信息在面试中更容易传递出来。比如，有经验的面试官能看出求职者是否怯场，是否认真准备了，是否有身体上、性格上的缺陷。求职者通过观察，大体也能判断一家公司的文化和工作风格，了解关于工资、待遇、福利等基本信息。

但是，在雇主和求职者之间始终存在着信息不对称问题，也就是说，一方有隐藏的信息，可以有选择地让对方看到或看不到。一个能力不强的求职者能在面试时把自己吹得天花乱坠，而一个谦虚的求职者可能不善言谈。一个没有诚意的求职者在面试的时候会信誓旦旦地说，自己最想来这家企业上班，而真有诚意的求职者可能显得有些谨慎、犹豫。同样，每家企业内部都有一些隐藏的小秘密，求职者很难通过面试和公司走访了解到这些信息。

信息不对称会导致两个问题。事前的信息不对称会导致逆向选择，也就是劣币驱逐良币。事后的信息不对称会导致道德风险，比如员工在实习时特别卖力，等成了正式员工，有了保障，就露出原形，开始摆烂。遗憾的是，常规的求职模式不仅没有完全解决这两种信息不对称问题，反而可能会使之愈演愈烈。所以，这就提醒我们，在熟悉和善于利用这种常规求职模式的同时，不要忽视其内在的弊端。

＊＊＊

事实上，这种常规的求职模式不仅让应聘者深感挫败，也让招聘者感到困惑，最终，经常会出现招聘者招不到人，应聘者找不到工作的尴尬局面。

为什么会这样呢？

首先，这个模式会放大信号传递过程中的噪声，使得真实的个人信息难以有效地显示出来。

大部分招聘信息都无法把想要招的人准确地刻画出来。我曾经担任过一个研究所的副所长，一直参与所里科研人员的招聘工作。就以我们研究所的招聘来说吧，我们是想招一名科研人员，希望他研究能力不错。这是表面信息。但是，还有很多你不知道的信息：我们以前遇到过科研人员得了抑郁症，所以会更关注对候选人的心理健康。上级给我们的指标，有应届生的比例，有北京生源的比例，我们就得平衡。所里的男女比例虽然不是硬性指标，但也要考虑。我们从各大高校招聘，有的高校跟我们联系紧密，一个电话过去，就能问出来这个候选人到底靠不靠谱；有的高校跟我们不熟悉，那就要更慎重一些。我们研究所特别强调谦逊、低调，面试的时候，要是有的候选人特别喜欢吹牛，几个面试官就会互相递个眼神。

同样，简历也无法把求职者的特质、潜力准确地刻画出来。职业导师会教你把简历做得更好看、更吸引人。这有用吗？有一点点帮助。如果你的简历写得很差，会被直接扔进垃圾桶。如果你的简历很吸引人，招聘官可能会拿起来看一下。

这是一种应聘者和招聘者之间的博弈。博弈的次数多了，就出现了套路。招聘者想方设法，试图从细节推断出应聘者的真实信息。有的面试官会在地上扔一张纸，看看哪个应聘者肯俯身捡起来。有的面试官喜欢问一些云山雾罩的问题，比如"你觉得自己更像什么动物"，他们希望用这种攻其不备的提问，逼出应聘者的真实反应。[1]这些做法跟算命先生想从掌纹看出一个人的性格和命运一样不靠谱。聪明的应聘者对此早有准备。经验丰富的"面霸"会投你所好，顺利过关，但他们进入企业之后，只想享受好的福利待遇，不想努力工作。

其次，这种模式由于采用了中间环节，所以无法避免委托代理问题。

大企业内部都有分工。招聘工作主要由人力资源部负责。

---

[1] 杰夫·斯玛特，兰迪·斯特里特.聘谁——用 A 级招聘法找到最合适的人.深圳：海天出版社，2009.

需要用人的是具体的各个部门。各个部门当然希望本部门的员工多多益善。真正关心有没有招到合适人才的是老板。老板是委托人，人力资源部经理是代理人，他们之间存在着委托代理关系。委托人希望代理人完全站在自己的角度考虑，但代理人一定会有自己的态度和选择，不可能和委托人想得一模一样。

  在具体的执行层面，很多人力资源部经理会表现出风险回避倾向，也就是说，他们会先求无过，再求有功。于是，招聘中经常会出现一个问题：他们会极度排斥"假阳性"，高度容忍"伪阴性"。所谓的"假阳性"是指，企业误认为应聘者很优秀，而实际上这个人水平一般，毛病不少。招进来容易，辞掉很难，于是，对这家企业来说，这就是一场招聘噩梦。所谓的"伪阴性"是指，企业可能错误地认为一个真正优秀的应聘者能力不强。放走一个优秀的人才对大企业来说损失并不大，反正他们总能找到替代者[①]，而且，这样的错误老板也看不出来，那就不用担心被批评。所以，即使你被拒了，也并不意味着你不行，但这种招聘制度，让很多一次又一次被拒绝的应聘者深受打击。

  再者，这种模式带来了不必要的"军备"竞赛。

  由于应聘者都想提高成功的概率，他们就会"海投"，也就是同时向很多家企业投递简历。这就会带来一个错觉，好像

---

① 比尔·博内特，戴夫·伊万斯.斯坦福大学人生设计课.北京：中信出版社，2021.

求职者越来越多，而求职录取率却越来越低。在这种错觉的误导下，招聘者会更加挑剔。很多热门企业根本看不过来那么多的简历，他们可能只看了摞在上面的 30%，就已经招到人了。现在的简历都有电子版，招聘单位可能会用关键词筛选，找不到关键词的简历直接就被放弃了。

求职者众多，又会带来各种职场歧视现象。很多企业在招聘的时候会有意无意地歧视女性，因为他们担心女性到了婚育的时候会耽误工作。很多企业会歧视年龄，他们会拒绝年龄较大、经验丰富，但职位和薪酬要求较高的中年人，转而雇用更多年纪小，经验虽然不丰富但价格低的新手。也有很多企业会歧视年轻人，他们要求应聘者有工作经验，这是求职市场上一个非常荒诞的"第 22 条军规"：想要就业就必须先有就业经验，而想要有就业经验就必须先就业，这就陷入了一个死循环。[1]

***

作为一名求职者你感到很沮丧，招聘者也不满意，他们发现，按照人力资源部提出的要求，其实招不到真正想要的人才。

19 世纪 20 年代初期，美国有家工厂需要招聘一位具有操

---

[1] Peter Cappelli. *Why Good People Can't Get Jobs: The Skill Gap and What Companies Can Do About It*. Wharton School Press, 2012.

作棉花糖制作机器经验的工人，当时棉花糖制作机器刚刚上市，举国上下操作过的工人寥寥无几。信息发布数月后，应聘者高达数百名，他们中即使有人有丰富的工作经验，也因没有操作过这种新型的机器，而不符合招聘条件，然后都被筛掉了，导致这个岗位一年后还一直空着。到了暑假期间，厂长家的一个亲戚来工厂实习，这位亲戚喜欢钻研各种机器零件，没想到只用了一个月，就能熟练操作那台已经躺了一年、一直没有招到操作工人的棉花糖制作机器。厂长这才恍然大悟，他翻出以前的应聘简历，从中录用了一个只有一年工作经验，但具备好奇心的人。果然，从陌生到熟练，这位工人只用了一个月时间。

　　这个案例与张一鸣在字节跳动7周年庆中怒怼人力资源部的话有异曲同工之妙。张一鸣说："有一天我看到咱们HR写的招聘产品经理的岗位说明书，特别生气。有一条写着：有5年以上互联网产品经验，具有日活千万量级以上的产品规划和产品迭代实施经验。我跟这个HR说，按照这个要求，陈林、张楠等我们公司的一大批产品经理，一个都进不来，连我自己都进不来。别说千万DAU（日活跃用户数量）的产品了，他们加入前，连百万，甚至十万DAU的产品都没做过。"

　　这两个故事恰好给了我们一个启发：如果在招聘过程中没有设置那么多的中间环节，而是让想要招人的老板和想找事做的求职者直接交流，用一种"BOSS直聘"的方式招聘，换一个角度再去看求职者和招聘者之间的关系，那么，他们双方到底有什么期待呢？

求职者其实不是要找工作，而是要找一件自己想干的事。如果只是找工作，那他们只需要关心工资多少、几点下班、发不发年终奖。要是想找一件自己想干的事，他们就想了解：做好这份工作需要什么技能？这份工作最有意思的地方是什么？最苦最累的地方是什么？做这件事情的人都是谁？他们是不是跟我一样？我想不想跟他们天天待在一起？

作为招聘者，他们要找的也不是一份漂亮的简历，而是在找人：这个人跟我们一样吗？他是真心热爱我们这一行吗？他能不能顺利地融入我们这个团队？下了班之后，我会愿意找他一起喝酒看球、一起看电影逛街吗？

你想找份体面的工作，老板想找个能干的部下。谁的动机更强烈？当然是老板了。老板想找人，就像白天打着灯笼一样。当年，我们所里招的几个非常能干的年轻学者，都不是通过"常规模式"投简历被招进来的，而是我们早就看中了他们，请他们来的。我会请他们吃饭，给他们送礼物，还要帮他们找对象，老早就培养了感情。

***

这能给你什么启发？你不能投完简历，被动地等待，而是要主动出击。为什么要主动出击呢？这是招聘市场上的一个秘密。如果把发布出去的招聘岗位称为"显性就业市场",那么还有一个更大、更隐蔽的"隐形就业市场"。

显性就业市场上会有更多的虚假信息。有一些企业发布招聘信息,其实是为了给自己做广告,它们并不是真的想招人。有一些企业想要招人,但不愿意公开发布信息,因为它们担心会被竞争者发现自己的战略规划。

很多好工作都不会公开招聘。大企业的一些好职位,也会只进行内部招聘,外部求职者是看不到的。有些时候企业招聘是通过口口相传,在圈子里面找。应聘者还经常会有一种误解,以为招聘一定是刚性的,也就是说,一个萝卜一个坑,企业先有职位空缺,再去相应地招人,其实很多时候,招聘是弹性的。比如说,当经济下行,公司会下调员工工资,让员工的工作时间更长,或是一个人干两个人的活,这时候,虽然有职位空缺,但企业反而不愿意招聘新员工。有的时候,职位是因人而设的,老板看到一个能干的人,不仅会想把他招进来,甚至会给他一个团队,让他负责一项新业务。所以,这个"隐形就业市场"的广度和深度都超出人们的想象。这是一个专业的关系网,一个内部知情人的游戏。

主动出击,就是要进到圈子里,进入这个"隐形就业市场"。

这不是拉关系吗?

不是。如果你想拉关系,很快就会被踢出去。拉关系是希望别人给你特别的关照,说白了,就是想占别人的便宜。明摆着是不平等交往，怎么可能打动别人呢？

那进圈子和拉关系有什么不一样呢？进圈子是你要想办法解决信息不对称的问题。

第一步，你要找到已经在圈子里的人。谁是行业里的老手？谁是行业里有影响力的人？

第二步，你要去找这些人，向他们求教，了解行业内的真相。

对你来说，这很可能意味着要走出自己熟悉的社交圈子，建立更广泛的人际联系。社会学家马克·格兰诺维特发现，绝大多数人都是通过自己的人脉找到工作的，而且他们依靠的不是亲戚、朋友这些"强联系"，而是一些只有点头之交的"弱联系"。[1] 这些"弱联系"能帮到我们，不是因为他们的权力和地位，而是因为他们能给我们提供不一样的信息。如果是亲戚、朋友，或是同事、同行，他们跟我们的社交圈子高度重合，他们认识的人我们也认识，他们知道的信息我们也知道，所以，他们很少能告诉我们一些我们不知道的事情。

事实上，"强联系"可能还会妨碍你去探索未知的世界。和我们有亲密关系的人，倾向于希望我们保持不变，因为他们和我们有着一段共同的经历，这是亲密关系的基础。如果我们有了改变，而他们并没有改变，这段共同的经历就会受到影响，这会让和我们有着亲密关系的人很不适应。如果你想自己

---

[1] 马克·格兰诺维特.找工作.上海：华东师范大学出版社，2020.

创业或者是转行，肯定会听到身边的人说，你疯了吧。他们并不是想破坏你的计划，但是你的改变，会让他们觉得破坏了彼此间的默契，这对他们来说是一种损失。

你可能会说，我是想建立新的人际关系，但我一个门外汉，怎么能跟其他领域的专家攀上关系呢？其实，每一个人都希望得到别人的尊重。记住：你的真诚和好奇是打动这些行业专家的最佳工具。

你会说，太好了。我以后就去多参加行业论坛，等这些专家讲完，就加他的微信。加上了微信，就问他们公司想不想要我。

这么做，几乎100%会失败。如果你只是伪装自己，想的还是找份工作，马上就会被老手识破。向别人请教，本身就是一个学习的过程。好好享受这个过程吧。你的提问，很自然地就会向对方传递真实的信号：你是谁？你对这个行业有多了解？有多热爱？你是否适合这个行业？

你需要用心地去设计自己的职业采访。如果某个人从事的工作是你也想做的，你可以采访他，听听他对这份工作的看法。你还需要知道他每天的生活是什么样的。想象一下，如果你花几个月甚至几年的时间去做这份工作，你是否会喜欢？再问问他工作和生活的情况，看他是怎么得到这份工作的，他的职业道路是怎么开展的？

不要只去采访那些成功人士，还要去了解一下行业里不得志的人。比如，如果你想开个奶茶店，你要去采访三个快乐的店主，也要去采访三个闷闷不乐的店主。这才能让你对这个行业、这件事情，有更全面的了解。①

有意思的是，当你转变心态，不再关心找工作，而只是关心如何做好一件事时，你在与人交往的过程中，会变得更真诚、更有活力、更能展示你的优势和潜能，这样反而更容易让你得到工作。

与人交流，不断尝试，从聊中学，进入圈子。这样的求职，是不是如鱼得水呢？

怎样帮孩子找到他们最想干的事

年轻人憧憬着能找到自己想干，又能干好，还能带来社会回报的事情。但在中国，父母经常会参与孩子的升学、求职决策。尤其是在计划生育政策出台之后出现的一批独生子女的父母，因为家里只有一个孩子，父母总是想倾其所有，让孩子有一个更为光明的前景。这一代父母对子女教育的投资，无论是从金钱的角度，还是从所投入的时间资源的角度来看，都远远超过以前的父母。

从表面上看，这一代父母的努力并没有白费。年青一代的

---

① 比尔·博内特，戴夫·伊万斯.斯坦福大学人生设计课.北京：中信出版社，2021.

综合素质有了显著的提高。他们接受的数学科学训练远胜上一代人。很多父母想辅导孩子功课，到了初中就跟不上了。孩子的作业父母也做不出来。他们的英文水平远胜上一代。他们对外部世界的了解更全面、视野更开阔。他们的美感也远胜上一代。他们见过真正美好的音乐、绘画、电影。审美能力是这一代人的童子功。他们的表达能力和创造能力远胜上一代人，与人交往不卑不亢、落落大方、想象力丰富、表现欲强烈。他们的道德水平和礼貌行为也远胜上一代人，更懂得尊重别人、关爱弱势群体、更有包容心、更愿意做公益活动。

但这却带来了一个意想不到的结果。正是由于每个家庭在孩子身上花的钱越来越多，教育投资的边际收益才越来越低。在就业市场上，经常能看到"超配现象"：博士毕业应聘中学老师，硕士毕业当城管，本科毕业做环卫工人。博士做硕士能做的事情，硕士做本科能做的事情，本科做的很多事情只要有高中文化就能够胜任。还有很多时候，由于家长自己就为孩子做主，选学校、选专业、挑工作，孩子反而变得更消极被动。越来越多的年轻人不仅讨厌上学，还讨厌工作。他们有理想，却无目标，对自己的人生道路感到非常迷茫。

如果父母真的关心孩子一生的幸福，那么，站在家长的角度，他们又能做些什么才能帮助孩子找到自己最想做、最适合做的事情呢？

***

我们可以借鉴经济学的思路,重新思考一下教育模式。

经济学里有一个求最优解的方法,就是从前往后看,从后往前推。你先从第一个决策开始,再去看第二个决策,一直看到最后一个决策。然后,先确定最后一个决策的最优解,再倒推倒数第二个决策的最优解,以此类推,直到求出现在,也就是第一个决策的最优解。

我们也可以用这个思路去推导人生道路的最优解。

原来的思路是什么?家长也是从前往后看。孩子的成长就是先上幼儿园,再上小学、中学,最后考大学。考上大学是很重要的,考上大学还不行,还要考上重点大学,还要考上"211""985",还要考上清华、北大、上交、复旦或者是国外的常春藤学校。如果父母把考大学视为终局,从后往前推,那么自然就会得出这样的结论:为了考上好的大学,就必须上好的中学,为了上好的中学就必须上好的小学,为了上好的小学就必须上好的幼儿园,于是,才会有所谓的"不能让孩子输在起跑线上"的流行说法。

但是,这种教育方式最终是没有效果的。为什么要把孩子送到补习班?就是因为如果你家的孩子上了补习班,别人家的孩子没有上,那么你家孩子考试的排名会靠前,考上名校的概率就会提高。但是,假设所有父母都把孩子送去上补习班,那么，所有的孩子都上补习班和所有的孩子都不上补习班的结果是一样的，排名的次序都不会变。大家都付出了极大的代价，家长花了钱、花了时间，孩子天天泡在补习班里，没有幸福的童年，但结局却没有因此而变得更好。大家都陷入了囚徒困境。教育变成了一场"军备"竞赛。

问题出在哪里？问题就出在终局搞错了。把孩子送到大学就是终局吗？不是的。然后，还有很多然后。上了大学，然后就要毕业。毕业之后，孩子需要找到一份好的工作，一份让他既感到有意思，又能获得体面收入的工作。孩子需要在工作中不断提升自己，找到更好的平台、更适合自己的位置。孩子可能会成为一个领导者，也许是一个创业者，也许是一家大企业的部门经理，也可能是主政一方的官员。孩子还要成家，找到真心相爱的人，懂得如何经营好自己的婚姻生活。你的孩子会有自己的孩子，到那时候，他们又要思考如何教育好自己的孩子。

过一个充实、圆满的人生才是终局。那么，从终局倒推，哪些是最重要的技能呢？

最重要的是一个人的终身学习能力：不断地吸收新的知识，能快速切换到新的领域。一个人的表达能力：能把自己想干的事情想清楚，也能让别人听得懂。能说服别人、劝慰别人、激励别人。一个人的团队合作精神：能找准自己在团队中的位置，做到理性和有建设性。有健康的体魄、旺盛的精力，不惧怕工作和生活的压力。充满爱心，乐于助人，让这个世界更美好。

遗憾的是，学校里并没有教授这些技能。中小学里教的是刷题的技巧，为的是让学生能考个好的大学。大学里教的是专业知识，为的是让学生有一技傍身。但考上大学，甚至是考上北大、清华、上交、复旦或是国外的常春藤学校，也无法保证一个人一辈子与成功为伴。很少有人毕业之后一直从事自己大学里学的那个专业，即使是对口专业，工作中所需要的知识和技能，大部分也不是从学校里学的，而是从实践中摸索和积累的。

循着这样的思路，我们就能发现，教育需要大的调整。核心技能的教育，要放在最重要的位置。健康的体魄很重要，所以运动是教育中必不可少的。对美的感知能力很重要，尤其是中国正在爆发一场"颜值革命"，能做出美好事物的企业，更容易收获"审美红利"。会读书，也要会动手，这对孩子的素质培养尤其重要。从学习天性来看，孩子更适合"从干中学"。知识面要广，建立属于自己的完整的知识体系。要重视培养"学习的能力"，能做逐水草而居的知识的"游牧民族"。

这意味着家长要把心放宽，学会像园丁种花一样耐心地等待孩子成长，而不是像木匠一样强求做出一模一样的家具。家长需要学会陪伴、学会容忍、学会体察、学会做孩子可以靠岸的最坚实的港湾。

真的想对孩子有帮助，与其鸡娃，不如鸡自己。那些竞争，其实对未来未必有用。那些现在最风光的职业，未来未必风光。孩子长大之后，会遇到丰富多彩的职业选择，他们要学会找到自己最想干，又能获得社会成就感的事。但是，孩子遇到的最大问题是没有宽阔的视野，没有丰富的人生阅历，大道多歧，他们会非常困惑，不知道该何去何从。

这时候，就需要家长来帮忙了。鸡自己的时候，不如定一个小目标：当孩子找工作的时候，你有自信能给他提供更多的支持。想象一下，你的孩子跟你说，我想投资股票，你该怎么办。如果你人脉够广，就会跟孩子说，走，我带你去找一个高人，他是股票操盘高手，你听听他怎么说。想象一下，你的孩子跟你说，我想当个厨师，你该怎么办。如果你人脉够广，就能跟孩子说，走，我带你去找个高人，他是米其林三星餐厅的大厨，你听听他怎么说。这样的帮助，岂不是比逼着孩子多刷几套卷子更有价值？

这才是父母能对孩子起到的最大帮助。父母的视野开阔了，孩子的视野自然开阔。父母一直努力上进，孩子自然也会受到激励。父母给孩子更多的陪伴和鼓励，孩子就能变得更加自信。父母放手让孩子去体验生活，孩子抗挫折的能力才会提高。作为父母，你要做的不是把自己未能实现的愿望强加给孩子，让他们去实现你未竟的目标，相反，孩子是我们的老师，他们在帮助我们这些做父母的又一次体会到成长的快乐，而在这种融洽、和谐的亲子关系中，你会发现，不知不觉地，孩子自己就找到了想做的事。

第四章
如何找到和你一起干事的人

人是一种奇怪的动物。

人是一种群居动物。绝大部分人过不惯离群索居的生活。你有没有这样的体验？在野外旅游，走在一条僻静的山道上。一开始，你会感慨，这儿没有那么多人吵吵闹闹，只有大自然的美景，真好啊！可是，如果一直没见到人影，尤其是等到天色渐暗的时候，你就会心里发慌。虽然景色还是那么美，你却会觉得有点瘆人。这时，远处隐约能看到一处小村庄，有屋顶、有墙壁，还有刚刚亮起的点点灯光。你才会放下心来。啊，又回到了人类社会。

一旦回到人类社会，你又会感到各种不爽。有人一口痰吐在地上，你会皱起眉头。有人在高速铁路列车上大声地外放音乐，你会不住地摇头。朋友圈里有人的观点和你不同，你会毫不犹豫地把他拉黑。

既不想离群索居,又不想同流合污,人到底想要什么?

我们想找到一群志同道合的人,一起做一件既有趣又有意义的事。找对事很重要,找到和你一起做事的人也很重要。毕竟,你的同事,以及你在职场中认识的合作伙伴可能是和你相处时间最多的一群人。如果有个适宜的小环境,不管外面有多大的风浪,你都可以找到一个安全的港湾。相反,如果一直待在一个让你感到不快的群体里,别说闷闷不乐,就是憋出内伤,那也是早晚的事。

怎样才能找到和你志同道合的人呢?

关键在于认识自我和认识他人。

你可能觉得,我对自己还有什么不了解的?事实上,认识自我是一件很难的事情,这是因为"我中有我"。在做决策的时候,不同的"我"就像在公司里开董事会,各位董事各有各的观点,争执不休,最后才由董事长出面拍板。比如,一块令人垂涎欲滴的蛋糕摆在面前,"今日之我"会想:太棒了,这回要大饱口福了。"明日之我"却说:还是别吃了,要控制体重,保持身材。最后,哪一个"我"的观点会被采纳?

认识自我,也就是要找到自己的价值观,自己的人生指南针。古希腊哲学家苏格拉底说过,未经省察的人生是不值得过的。认识他人,就是要找到与自己志同道合的人,学会在一群人中与跟自己不同的人打交道。比如,男生要更多地去理解女生，中年人要更好地去理解年轻人，年轻人要更多地去理解单位里面的中年人和老年人。对于年轻人来说，还有一件很重要的事情，就是要找到一位导师。既要找对事、入对行，也要跟对人。有导师的加持，你会成长得更快，而且能达到更高的境界。

认识自我和认识他人，都需要警惕自己可能存在的认知误区，也要掌握一些识人接物的小窍门。

为什么要找到自己的价值观

一个特立独行的人，内心一定有一个强大的自我。美国作家梭罗说过："如果一个人没有和同伴保持同样的步调，那可能是因为他听到了不同的鼓声。"[1]

那么，怎么样才能听到自己内心的鼓声呢？

《纽约时报》专栏作家戴维·布鲁克斯在《品格之路》一书中提出了一对概念："简历美德"和"悼词美德"。[2]

"简历美德"容易理解，说的就是你能够写在简历上，拿出去跟人显摆的东西。你的学历、专业、获得的奖项、工作经历、拿到的证书、掌握的技能等，这些优势，能够帮助你在职场上找到更好的工作，也能帮你获得更多的名利。

---

[1] 亨利·戴维·梭罗.瓦尔登湖.北京：中国华侨出版社，2018.
[2] 戴维·布鲁克斯.品格之路.北京：中信出版社，2016.

什么是"悼词美德"呢？布鲁克斯说，就是人们在你的葬礼上谈论起你的时候，赞颂的你的美德。中国人有个忌讳，不喜欢谈论死亡。那我们就换一个场景。假设你要过百岁诞辰，你的亲人和朋友都来祝贺，他们在庆典活动上轮流发表对你的贺词，讲述你一生的成就和你对他们的影响。这时候，你愿意听到什么？

你最希望别人夸奖你买了几套房，攒了多少钱吗？那些都是身外之物，带不走的。你最希望别人夸奖你"混"到了处级干部或是厅级干部，当过 CEO 或是 CFO（首席财务官）吗？那些都是陈年往事，好汉不提当年勇。快到人生尽头的时候，你才会发现，其实你最希望别人赞美的是你的内在品格，你的勇敢、忠诚、正直，你为家人付出的努力，你对别人的人生有重大的影响，你对社会做出的贡献。

虽然"简历美德"和"悼词美德"强调的东西不一样，但它们并不互相排斥，而是互相补充的。"简历美德"是从过程的角度看，"悼词美德"是从终局的角度看；"简历美德"是从成就的角度看，"悼词美德"是从价值的角度看。

***

有了这两个概念，你才能更好地把握人生的平衡。不追求"简历美德"不行，太看重"简历美德"也不行。

如果一个人把名利看得太重，可能会误入歧途。虚荣心太重，会让你变得浮躁而且华而不实。生活在为别人表演的幻象里，试图去讨好所有人，最终的结果一定是所有人都对你不满意。追逐利益让人变得贪婪，而贪婪会毁掉人的理性。拉罗什福科说过，"过分的精明是缺乏智慧的表现"[1]。冯仑也曾说过，他见过的有钱人，都是追求自己的理想，顺便赚到了钱，没有见过谁是追求赚钱，顺便实现了理想。

但是，放弃对名利的追逐，是否意味着既要甘于淡泊，又要忍受贫穷呢？其实并非如此。为了让人体增强对传染病的免疫力，需要注射疫苗。疫苗其实就是将细菌、病毒这些病原微生物，经过人工减毒、灭活，或利用转基因等方法处理之后，注射到人体内，让它刺激人体的免疫系统，产生抵抗力。同样的道理，追求一点小小的名利，也有助于提高我们对名利本身的抵抗。

为了不把名利当一回事，你要先得到一点名和利。有了小小的名气，能够得到别人的肯定和赞扬，有助于提高自己的信心。但这之后就要提醒自己，出名也没太大意思，不值得再去追求了。经济学总是追求最优解，最优解一定是在一个均衡水平上，多了不好，少了也不好。同样，名气并非越大越好，也有一个最优水平。最优的水平是圈内人知道你，而且对你的评价较好，这就足矣。一旦到了圈外不相干的人也知道你的名字，名气带来的负面影响就可能要超过其正面影响了。

---

[1] 拉罗什福科. 道德箴言录. 北京：北京理工大学出版社，2009.

为了在这个世界上生存，你当然要有一些物质基础。靠个人努力过上体面的生活，是每个人对这个社会的义务。当你摆脱了困窘的生活之后，就会发现，能够用钱买到的东西都是不重要的，但这些不重要的问题如果能够用金钱来解决，我们就会有更多的时间和精力，去体会金钱买不到的美好事物。

知道要适可而止，学会平衡名利，我们才能让心平静下来，去认真地思考自己的价值观，找到自己的人生指南针。

为什么有原则的生活能让你更幸福

人要过有原则的生活，并不是为了追求虚幻的崇高。有原则的生活之所以值得追求，恰恰是因为它能改善我们的日常生活。一个有原则的人会生活得更加平和、更加从容。一个以原则为中心的人，在心理和生理上都会变得更健康。他们更有安全感和信心、更容易与别人合作、更愿意积极进取，当然也就更容易成功。

过一种有原则的生活，能有效地提高人生的幸福感。

人都想找到幸福的感觉。但人生的幸福感遵循着一条U形曲线（见图4-1）。假设一条时间轴，从离你最近的当下到离你最远的人生终点。越在当下，越容易体会到幸福。越到人生的终点，也越容易体会到幸福。唯独在离你不近不远的那段未来时光，幸福感最低。

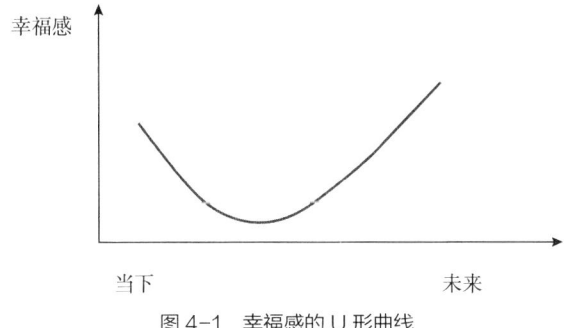

图 4-1 幸福感的 U 形曲线

想象一下，一个风和日丽的下午，约上三五好友在茶室或咖啡馆小坐，谈天说地，其乐融融。又或者，你带着家人去踏青，阳光明媚，清风徐来。这本来就是最容易体会到人生幸福的时刻，你需要全身心投入，去体会那美妙的时刻。这就像作家普鲁斯特品尝着玛德琳蛋糕，"带着点心渣的那一勺茶碰到我的上颚，顿时使我浑身一震，我注意到我身上发生了非同小可的变化"[1]，一段又一段美好的回忆涌上心头。

再想象一下，你已过古稀之年，回想自己的一生，无怨无悔地完成了自己想做的事情。虽然艰难、坎坷，但你能矢志不渝，坚持到底，也会感到人生的充实。

可是，大多数情况下，我们会忽视当下，也不重视长远，我们关心的反而是不远不近的那段时光。比如，下个月股市会不会涨？半年之后我会不会加薪？一年之后什么生意最好做？

---

[1] 普鲁斯特.追忆似水年华.北京：译林出版社，2012.

越是在不远不近的这段时间，不确定性越大。幸福与掌控感有关，掌控与确定性有关。越是当下，确定性越大；越是长远，不确定性也会越小，因为短期的波动在长时间里都已经被抹平了。唯独在中期，波动最大，不确定性也最大。既不关心当下，也不关心长久，那最终的结果是心里越来越没底，越来越难找到幸福感。

幸福感的 U 形曲线提醒我们，我们梦寐以求的踏实的幸福感，其实是跟我们的价值观绑定在一起的。找到自己的价值观，就找到了人生的指南针。

怎样建立自己的社交网络

认清自己的价值观，你才能以自己的价值观为参照，去寻找与自己志同道合的人，并以一种达观的智慧去面对与自己不同的人。进入社会，你就要建立自己的社交网络。

做事就是做人，这是很多过来人的肺腑之言。想做正事、大事，一个人是不够的，总要和一群人一起做。所以，会不会做人，在很大程度上决定了能不能做成事。

但是，什么叫"做人"？

父母和老师告诉我们的人生道理未必管用，甚至有时候会适得其反。比如，父母和老师会告诉你，进了单位要跟所有的人都搞好关系。听起来没错，但如果你秉承与人为善的原则，总是为他人着想，方方面面都要考虑不得罪人，大家就会默认你软弱可欺。要是有一天你不小心说错了话，或是实在做不到，拒绝了别人的要求，对方会怎么想？他们会想：这家伙肯定是故意的。相反，要是你平日我行我素，大大咧咧，真得罪了别人，大家反而会宽容。人们会说：他人不错，就是太直，不懂人情世故。

你看，谁过得更好？

这里面的差别在什么地方？父母和老师教你，要用一个不变的准则处理与所有人的关系。其实，与人相处的时候，要根据亲疏关系，采取不同的策略。你要把遇到的人分成不同的圈层，每个圈层都有相应的待人之道。

这就需要把握好分寸感。什么是成熟？成熟就是对分寸感的把握。生活中，有不少人对别人一片赤诚，把熟人当作朋友，把朋友当作亲人，把亲人当作上帝，恨不得见人就掏心掏肺，结果却往往碰壁。他们就会感慨世风日下，人心不古。说实话，这是他们自己的问题，因为他们没有把握好分寸感。

***

和别人一起做事的时候，不妨记住三个数：5 000、150 和 5。这三个数的背后，藏着三种规律。按照这三种规律，你可以把自己的社交网络分成外圈、中圈和内圈，分别采取不同的策略。

先说外圈，也就是 5 000。5 000 这个数字是怎么来的？这是微信原来设定的好友数上限。微信团队可能觉得，5 000 已经是一个人管理自己朋友圈的能力极限了。没想到，很多人很容易就达到了这个上限。后来，微信团队取消了这个上限。我看了一下自己的微信通讯录，好友数量已经是 6 795。

人为什么能这么快地建立如此庞大的社交网络呢？这里面的规律是六度分隔理论。

社会心理学家斯坦利·米尔格拉姆曾在 1967 年做过一个研究。他随机找人寄出了 300 封信，这 300 封信都是要寄给住在波士顿的一位股票经纪人的。寄信人如果认识这位股票经纪人，就直接把信寄给他。如果不知道他是谁，就把信寄给一个自己认识，而且最有可能找到目标收信者的人。在做这个试验之前，米尔格拉姆问这 300 个寄信人，觉得他们需要转手几次，这些信才能到目标收信者手里，很多人说得几百次。最后的结果是：只用 6 次[①]。

这个研究现在已经成了传奇。不过，如果从数学的角度来看，米尔格拉姆试验的道理很简单。假设我们每个人都有 100 个朋友，你的朋友的朋友就是 1 万人，你的朋友的朋友的朋友一共有 100 万人，照此类推，到了五度分隔的时候，你就有超过 90 亿人的关系网了。所以，理论上讲，在 6 步之内，你就

---

① Guare J, Sandrich J, Loewenberg S A. Six degrees of separation. LA Theatre Works, 2000.

可以联系到这个星球上的任何一个人。

你要尽可能地扩大自己的社交网络,但也要学会管理好朋友圈。这 5 000 人可不都是你的好友,他们中有很多跟你只是点头之交。也就是说,他们是你社交网络中的"弱联系"。"弱联系"能跨越不同的圈子,传播更多的信息,但是,"弱联系"并不是用于你的情感互动的。管理微信朋友圈,其实就是管理信息的发布。

有些信息是不适合在朋友圈里发布的。比如:

- 涉及个人、家庭隐私的信息。同理,也包括企业、单位里的涉密信息。
- 炫富的信息。真正富有的人看不上炫富行为。穷人会仇视炫富行为。那你炫富又是何苦来哉?
- 敏感话题。比如中医管不管用、国际争端站哪一方这种容易引起撕裂的话题。

那在朋友圈里发什么信息呢?我有一个小友,学历不高,没有背景,全靠在社会中摸爬滚打,无师自通地总结出一套方法论。他的做法是:

- 在朋友圈里面不要多发信息,每天发两三条足矣。
- 他会把发的信息分为个人生活情趣、心灵鸡汤和软硬广告。发个人生活情趣，是为了让别人对他产生亲近感，找到有共同爱好的人；发心灵鸡汤，是为了让大家知道他是一个积极乐观向上的人，再搭配一些软硬广告，就不会显得太突兀。

- 在群里发言，要特别重视和群主的关系。万一跟群友发生了争执，群主一句话，往往是最管用的。
- 在群里主动帮助别人。这不是为了从别人那里获得什么好处，而是要塑造乐于助人的形象，以后自然会有人在想合作的时候找到你。

再说中圈。也就是150。这个数字是怎么来的？它叫"邓巴数"，是牛津大学人类学家罗宾·邓巴提出来的。我们能够稳定维持人际关系的人数就是150个左右。[1]

邓巴指出，这与人类的进化有关。当我们还是南方古猿的时候，能够维持的群体数量为50个左右；等到我们学会了用火、学会了制造工具，而且语言也开始出现了，人类的群体数量就在150人左右。尽管现在已经进入现代社会，但数十万年来的进化习惯仍然制约着我们的社交圈子。哪怕手机通讯录里存了2 000个联系人，哪怕微信通讯录已经超过了5 000人，但你真正能够维系的圈子，也就是这150人。

---

[1] 罗宾·邓巴，克莱夫·甘伯尔，约翰·格列特.大局观从何而来.成都：四川人民出版社，2019.

这 150 人为什么重要？因为他们会影响到你的行动和观念。人是一种群居动物。和所有的群居动物一样，我们会把所有的人分成两类，一类是我们，一类是他们。我们，就是同在一个群体内部的人；他们，就是在我们这个群体之外的人。在一个群体的内部，大家更团结、更容易达成一致。这也是进化的结果。如果一个群体更团结、更勇敢，那么这个群体就更容易战胜敌人，或者更不容易被别人打败，这样的群体，在激烈的竞争中存活下来的机会也就更大。

所以，人们总是喜欢合群，也就是不由自主地会受到身边人的影响。有没有发现，有的单位里有几杆"大烟枪"，这个单位里抽烟的人就会多起来。亲朋好友里有人在练马拉松，于是大家都开始跟着练。如果你的好朋友减肥成功，你减肥的动力就会更强；相反，如果你的好朋友体重偏大，你长胖的概率也会更高。

再说内圈。也就是 5。这个数字的背后，藏着"五人定律"。美国的商业哲学家、成功学创始人吉姆·罗恩曾说过一句很著名的话："你是与你相处时间最多的 5 个人的平均值。"

你的性格会跟这 5 个朋友很像，你的爱好会跟这 5 个朋友很像，你的价值观也会和这 5 个朋友很像。在最温暖、隐秘的内圈，是跟你关系最为紧密的这几个人。这几个小伙伴是你成长道路上的旅伴，他们塑造了你，你们互相塑造。

平日里你可能觉得自己的社交面很广，到了危难关头才发现，真正的朋友也就那么几个。在新冠肺炎疫情防控期间，我们能更深切地体会到这一点。患难见真情。谁是最能帮助你的人？谁帮你到处找医院？谁帮你买菜？谁来陪伴你？如果你自己不在疫区，想托付一位朋友照顾在疫区的家人，你会找谁？

5 000、150 和 5，三个不同的圈子，对你的重要性各不相同。这三个圈子由外至内，由大至小。大网络、小网络，对你来说都是必不可少的。大网络能够开阔你的视野，让你的生活更丰富多彩，提高你事业成功的概率。小网络能够营造一个安全的港湾，让你感到更有依靠，在遇到危机的时候让你能得到帮助，提高你的生存概率。

这就提醒我们，在构建社交网络时，需要找到一种平衡。过去，你可能把太多的精力用于拓展大网络，那就要调整一下，更用心地维护自己的小网络。或许，你在小网络中待的时间太长了，那就要勇于走出自己的圈子，"走异路，逃异地，去寻找别样的人"。

这就是耶鲁大学历史学家提摩希·史奈德说的："老朋友是你的最后依靠，而结交新朋友则是改变现状的第一步。"

怎样判断一家公司的"部落文化"

在你的社交网络中，内圈的 5 个人是你的至亲好友，需要你通过不断地浇灌，滋养深厚的感情。外圈的 5 000 人是你的关系网，你可以酌情增减人数。你的公众形象也是在这 5 000 人的圈层中建立起来的。中圈的 150 人是更难处理的人际网络。这 150 人很可能大多是你的同事，但谁能成为你的同事，你无法自己决定。所以，找到一家和自己价值观合拍的公司是非常重要的。

这比找工作更重要。绝大部分企业招聘的时候，都是看技能。但这些拥有不同技能的人能否形成一支战斗力强的团队，要看他们是否共享同样的价值观。可能都是能人，可能都是好人，但未必是彼此认可的人。不同的企业有不同的价值观。华为是一家优秀的企业，苹果也是一家优秀的企业，华为和苹果的企业文化就相差很大。

打仗的时候，子弹在头上"嗖嗖"地飞。你不可能到了战场上才找时间讨论，让大家求同存异，达成默契。在上战场之前，甚至在入伍之前，就要认真地甄别，看来的是不是有着同样风格的人。最理想的状态应该是与志同道合的人在一起。我们来自五湖四海，是为一个共同的目标走到一起来的。

但是，这又比找工作更难，因为一家企业的文化是无形的。贴在墙上的标语反映不出真实的企业文化，饮水机旁边的闲谈反而更能暴露出这家公司的风格。如果你选错了公司，到头来发现自己无法认同和适应它的文化，但又在工作中投入了不少时间和资源，就会陷入一种进退失据的困境。

所以，想去一家公司，要先看看它的企业文化。

怎样才能看出一家公司的文化底色呢？

有三位管理学家，戴夫·洛根、约翰·金和海丽·费雪·莱特合写了一本书，叫作《部落的力量》。他们指出，在每一个团队中会有一种主流文化，这种主流文化决定了一个团队能够达到的境界。[1]

按照他们的观察，企业文化由低到高，一共有 5 种境界。

先从最低一级说起。这一级是一阶。你在日常生活中不太容易接触到一阶的群体，他们一般都是社会最底层的人。回想一下你看过的黑帮电影，在那里更容易找到这群人。再比如说，电影《肖申克的救赎》里，监狱里的犯人也是有帮派的。

处于一阶的人怎么看这个社会呢？如果这个部落的人把他们的处世哲学印在 T 恤衫上，那么他们会印上"生活烂透了"。他们对一切都愤世嫉俗，并带有强烈的反社会情绪，甚至是暴力倾向。他们认为，所有人都在欺负自己，所以理所当然地报复社会。好莱坞还有一部电影《冲撞》，里面有个黑人混混安东尼。安东尼认为所有人都在歧视黑人，所以理所当然地报复社会，结果他抢劫了一位同样是黑人的好莱坞导演。

再说二阶。这你就太熟悉了。当你在机场登机柜台，看到自己所在的队排得长长的，旁边的柜台明明有几个工作人员，

---

[1] Dave Logan, John King and Halee Fischer-Wright. *Tribal Leadership*. New York: Harper Business, 2008.

但他们宁肯在一起说说笑笑,也不想另开一个柜台。当你去找政府的工作人员办事,有些明明是可以简化的程序,但他们就是不告诉你,非要让你来来回回多跑几趟,他们就是二阶的成员。

二阶的群体成员会认为"我的生活烂透了"。他们的人生态度是消极的,能偷懒就偷懒,能混事就混事。比一阶好一些,他们不会有强烈的反社会冲动,但可别指望他们有主动性和积极性。如果你想推动改革或创新,二阶的群体成员的本能反应是:听我的话吧,我见得多了;我过的桥比你走的路还多,吃的盐比你吃的饭还多;这事没戏,别搞了。

再到三阶。从这里开始,你可以看到成功的案例。一个典型的三阶成员的口号是"我很棒",话外音是"但你不行"。你会在三阶的群体中看到很多朝气蓬勃的人,他们努力工作、热爱学习,有什么新东西都要第一个尝试。他们中的一些人可以登上事业的巅峰,但总是很难与别人合作。

你要问他:"你为什么会成功?"他会说:"那是因为我很厉害啊。"你要是再问他:"那你为什么没有更成功啊?"他会说:"那是因为我身边的人都很傻啊。"三阶群体中的成员都是以自我为中心,他们只会把别人视为竞争对手。我们在学术界、文艺界、体育界会看到很多三阶的成员,他们自我感觉良好,但内心深处却充满了焦虑。因为他们不知道如何与人合作,自然就无法更上一层楼。到了三阶,他们已经是强弩之末，黔驴技穷了。

到了四阶，你才能够感受到真正的团队精神。四阶的群体成员相信的是"我们很棒"。在四阶的团队里，人们会更开心、更友好，相互之间更愿意坦诚合作。不管是团队里面的哪一位成员学到了新的东西，他们都会非常乐意与同伴分享。在四阶的团队里，人们会很容易忘记上下级的科层制度，也会很容易忘记组织的边界，整个团队里所有的人都像朋友一样亲近。

在一个四阶的团队里，接受新成员的最好办法就是先让他融入这个团队，工作一段时间之后再让同伴们对他进行评价，如果有10个同伴都喜欢这个新人，那么他就一定能在这个团队里干得很好。

更高的境界是五阶。《部落的力量》的作者曾经问一家研发型的医药企业："你们的竞争对手是谁？"他们本来以为会听到"是医药行业的龙头老大"的答案，但这家企业的管理层和研发人员听到这个问题都直挠头，他们想了半天，说："我们的竞争对手是谁？应该是癌症吧，我们想要攻克癌症。我们现在还顾不上传染病。"

四阶的成员彼此合作，但他们还憋着劲儿想超过其他的团队。到了五阶，人们已经不关心竞争对手，他们唯一关心的是如何最大限度地发挥自己的潜能，他们的口号是"我们在改变历史"。

***

如何才能识别一个团队到底在哪种境界？你可以试着跟他们聊两个话题：一个是他们怎么评价自己的老板；另一个是他们的竞争对手是谁。

一阶的团队成员害怕老板。要是不听老板的话，可能就会丢掉饭碗。二阶的成员鄙视老板。他们最喜欢在背后讲老板的坏话。你要是问他们，为啥企业搞得没有起色？他们就会说：嗐，还不是因为老板是个蠢货。可是，到了领导面前，他们立马就会露出一副毕恭毕敬的嘴脸。三阶的成员会说：老板？哪个老板？老板算啥，我才最牛。四阶的成员会带着崇敬的神色去讲自己的老板。事实上，他们中的很多人就是被老板的人格魅力所感召，才加入这支队伍的。五阶的成员对老板无感，他们当然知道老板很有智慧，但不会因此而崇拜他。他们一心想要做改变历史的大事，没工夫搭理老板。老板就是个后勤部长。

一阶的成员觉得整个社会都是他们的敌人。二阶的成员觉得团队里的每个人都心怀鬼胎。他们掩饰自己无能的最好办法就是装得老于世故。三阶的成员觉得同事和同行都是自己的竞争对手。四阶的成员会为自己设定一个对标的竞争对手。这个竞争的标杆设得越高，越容易激发团队成员的斗志。比如说，我所在的学校是上海交通大学，那我们的竞争对手是谁呢？如果把我们的竞争对手设定为上海市的另一所大学，那直接躺平也没关系，反正大家都半斤八两。但如果把我们的竞争对手设定为麻省理工学院，那还有不小的差距，还得奋起直追。所以，你要记住：不要轻易给自己找对手，因为你的对手的水平决定了你的水平。五阶的成员已经达到了物我两忘、天人合一的境界，他们的竞争对手就是自己，要不断超越自己的潜能。

蓬生麻中，不扶自直。这就是团队环境能给个人成长带来的支持。

怎样和公司里的女性打交道

男女搭配，干活不累。这句俗语其实道出了企业管理中的一个秘诀：哪个企业更关心女性，在未来社会里就会更有竞争力。

这有两个原因。

第一个原因是，关心女性的企业能享受"多元化红利"。

一个组织内部成员越是多元化，他们的信息来源也就越多元化，这种多元化的信息来源可以避免在决策中出现盲点。如果决策中出现了盲点，就很容易让企业领导层犯下致命的错误：小集团思维。在小集团思维的影响下，领导一个观点，众人随声附和，大家都一个思路。团结起来，当然可以争取更大的胜利，但团结起来，也可能一起犯更大的错误。

想要避免小集团思维的陷阱，就需要多听听女性的声音。注重男女搭配的企业能更好地发挥集体智慧的潜在优势。总是一团和气，就会失去互相纠错的机会，但如果天天当堂对质、唇枪舌剑，又会影响组织内部的团结。当面质疑别人，对人对己都不是件容易做到的事情。男女搭配的团队更容易保持微妙的平衡、必要的张力。毕竟隔着性别这张纸，成员之间能够更好地保持适当的距离。当出现观点差异的时候，大家会更容易互相体谅，不会把观点的差别归因于对个人的冒犯。

历史经验表明，越是涉及生死存亡的重大问题，女性的直觉越是准确。举个例子。在 2011 年 3 月 11 日日本东北部地区发生的地震和海啸灾难中，日本宫城县有个乡村小学，叫大川小学。这所学校有 108 名学生，其中 74 人遇难。11 名在校老师中有 10 人遇难。事后的调查发现，当时村里的妇女和老人，以及学校的老师和孩子都疏散到了操场上，但学校的副校长执意让大家去高速公路上避难，没想到海啸正是从那里来的。可是，当时在场的妇女和几个小孩子却提出了正确的建议，他们说让大家赶紧上山。为什么副校长做出了错误的决策呢？因为他手上拿着一本救灾手册，里面写明遇到地震之后要到空旷的公共空地避难。副校长关心的不仅是怎样才能躲避灾难，他还担心当灾难过去之后，怎么向上级汇报。为什么孩子和妇女反而知道要上山？因为他们只相信自己求生的直觉，不会考虑到什么面子、尊严，也不会考虑怎么向上级报告。他们排除掉了所有的干扰因素，所以才能更真切地听到生存本能发出的指令。

很多时候，男性在做决策的时候，更多地会考虑自己的尊严和面子。好面子是会害死人的。相对来说，女性可能对面子看得轻一些。所以，她们会抛开这些世俗的干扰因素，直接洞察一件事情的本质。

第二个原因是，关心女性的企业能学会正确的激励机制。

做企业的都知道，激励员工是最难的事。我们过去熟悉的激励机制，都是一帮经济学家想出来的。经济学家是一个典型的以"直男"为主的社会群体。他们能想出来的主意，万变不离其宗——给钱。简单地说，经济学家告诉你，给钱多，员工就会好好干。

真的是这样吗？给钱多，看在钱的份儿上，员工会减少对工作的厌恶感，但给钱再多，也不可能买来员工对工作的热爱。不讨厌一个人和爱上一个人是两件完全不同的事情。好的激励机制靠的不是给钱，而是打动人心。

怎么做？先问问公司里的女性员工。她们的烦恼很多，比如，生完孩子怎么上班？怎么一边工作一边带娃？一家企业是不是好企业，不能只看它的市值和利润。就说联想吧，它算不上互联网行业里的明星企业，外面的人觉得联想不思进取，里面的员工却觉得待着很舒服。我去联想集团采访的时候，看到办公楼的每一层都有母婴室。公司的停车场有专门的准妈妈车位，这些车位离办公楼更近，面积也比普通的车位更大。孩子再大一点，碰到寒暑假没人带，妈妈还可以把孩子带到公司的托管中心，有专门的老师负责看管。透过这些细节可以看出一家企业是不是真的了解员工的需求。

想知道一家企业在未来的经济生态系统中能不能游刃有余，简单的办法就是去问问这家企业的女性员工有没有感受到企业对她们更好一些。她们是检验一家企业的激励机制有没有搞对的试金石。

***

当然，我们得承认，虽然职场上的性别歧视问题已经有了不少改善，但距离男女平等还有很长的路要走。

一方面，我们能看到，女性的能力和工作表现并不逊色于男性。BOSS直聘的数据显示，从2016年以来，拥有大专、本科以及硕士学历的女性毕业生和求职者已经多于男性。[1] 在各个层级上，女性的工作表现都很优秀。还有，别忘了，职业女性相当于在公司和家里同时打了两份工。国家统计局对2018年全国人口的时间利用做过一个调查，结果显示，在家务劳动和照料孩子方面，女性花费的时间约为男性的三倍。与此同时，女性的平均工作时长并没有显著低于男性。

另一方面，我们能看到，在职场上，越往上走，女性就像空气一样变得越稀薄。接受过高等教育的女性会发现，虽然已

---

[1] BOSS直聘研究院，《突变时代——2020人才资本趋势报告》。

第四章　如何找到和你一起干事的人

经能够看到更高的层级,而且好像触手可及,但中间却隔了一层透明的天花板,无论如何努力,都很难打破这层玻璃。那些受教育程度较低的女性则会遭遇"粘地板效应":她们常年处于组织的最底层,就像被牢牢粘在地板上一样,只能接受非常低的薪酬,而且没有什么晋升机会。由于她们需要长期处理琐碎的事务,职业技能得不到发展和提升,因此普遍会有职场挫败感。①

***

解决性别平等问题,需要全社会的努力。从个体层面来看,我们只有学会更好地理解两性间的微妙差异,才能真正理解和尊重女性。

男性和女性在职场上采用的策略是不一样的,甚至可以说,他们就好像参加的是不同的体育竞技项目。

男性更容易夸大自己在某一个方面的长处,也就是说,男性追求的是单项冠军。只要比别的男性更有钱,或是比别的男性更有权,或是比别的男性跑得更快,男性就会沾沾自喜,觉得自己是成功人士。正因如此,我们时常会发现,所谓的成功男性,往往在光环的背后,藏着很多缺点和污点。

女性呢?她们比的是十项全能,也就是说,女性追求的是总分第一,而且每一个单项都不能挂科。工作、家庭、生活,

---

① BOSS直聘研究院,《突变时代——2020人才资本趋势报告》。

她们都很重视，所以会赋予生活中的每一个方面更平均的权重。她们不会把所有的资源都投入一个方面，顾头不顾尾。也正因如此，我们时常会发现，看似平凡的女性，往往闪耀着更多的人性光芒。

***

为什么理解和尊重女性很重要？因为，如果你是一位男性，那么能不能理解和尊重女性，很可能决定了你未来在社会上的竞争力。

有一次，我跟儿子说："以后你在社会上混得好不好，跟你现在的考试成绩没多大关系，跟你会不会讨女人欢心有很大关系。"

儿子白了我一眼："你在开什么玩笑！"

有时候，玩笑其实是真理的通俗娱乐版。我之所以这么说，是因为一眼就能看清楚孩子长大后可能遇到的社会变化。

第一，大概率，他会遇到一位女性上司。

第二，大概率，他的同事里至少一半，甚至一半以上是女性。

第三，大概率，他要打交道的重要顾客也是女性。一般而言，女性的钱更好赚。

第四，大概率，找女朋友的竞争会越来越激烈。你不对女性好一些，谁给你当女朋友啊？

整个社会的变化会对女性更友好，这是社会发展的趋势。

衡量一个人的文明程度，要看他是不是对女性更好一些。

衡量一家企业的文明程度，也要看它是不是对女性更好一些。

衡量一个社会的文明程度，更要看它是不是对女性更好一些。

永恒的女性，引导我们上升。

怎样和公司里的年轻人打交道

这几年，我做调研的时候，无论是去大企业还是小企业，无论是去国有企业还是民营企业，无论是去互联网大厂还是制造业工厂，都会听到管理层的抱怨：现在的年轻人太难管了。

年轻人的很多行为，让上一代人目瞪口呆。有个年轻人递了辞职信，辞职的原因是春暖花开了，想去新疆、西藏玩一圈。有个年轻人参加面试，面试完了要把自己的简历带走，说是防止个人信息泄露。我曾经去过一家公司做调研，董事长跟着我一起去。董事长心情好，把大家叫过来，讲了半个小时，然后问大家，你们有没有什么要讲的？下面的员工都不吭声，有个实习生站了起来说："董事长，您讲得太好了。下面，我来讲半个小时。"

为什么年青一代和上一代差别这么大呢？

出生在 20 世纪 60 年代的人，出生在 20 世纪 70 年代的人，一直到出生在 20 世纪 80 年代的人，大体来说都是一代人。这代人或多或少对物资匮乏还有记忆，而且经历了经济高速增长。这一代人都相信，靠个人努力就能出人头地。其实，这种观念是只有出生在经济高速增长时期的人才会有的一种错觉。这一代人都喜欢赚钱，因为赚钱不仅带来了更多的物质享受，而且能改变生活方式，开阔眼界，提高自信心。

所以，这一代人的动力是贫穷动力。激励这一代人的方法太简单了：好好干，多给钱；不好好干，少给钱；不干活，不给钱。

出生在 20 世纪 90 年代，尤其是 1995 年之后的人，以及马上要进入社会的"00 后"，是另一代人。这一代人对物资匮乏已经无感。40 多年前，人们会追求家里的四大件：彩电、冰箱、洗衣机和录音机。在年轻人看来，这就像是天方夜谭。年轻人也没有上一代人那种对买房、买车的执念。他们关注的不是物质，而是精神。他们在意的是个性和自由。

所以，年青一代的动力是"嗨动力"。什么事情很嗨，他们就愿意干，不嗨，就不愿意干。

***

这可把管理层难坏了。我怎么知道什么事能让年轻人很嗨呢？对一个年轻人来说很嗨的东西，对另一个年轻人来说，一点也不嗨。喜欢嘻哈和喜欢汉服的年轻人，很可能是两群人。今天能让年轻人觉得很嗨的东西，明天可能就未必如此了。这可怎么办？

嗨不嗨，其实很容易观察到。但是，如果管理层不去体察年轻人，就会产生错误的理解。我听到的很多抱怨是说，年轻人不喜欢科层制、不喜欢加班、不喜欢KPI（关键绩效指标）考核。真的是这样吗？

表面上看，好像真的是这样。

可是我曾经采访过一群年轻人，他们是某明星的粉丝。该明星的好多粉丝都是"直男"。他们做了一件很好玩的事，自发地搞了一次明星杯编程大赛。报名参赛的项目有300多个，正式参赛的有150个。总决赛采用线上直播、粉丝投票的方式，最终角逐出前十名。取得前十名的项目五花八门，颇像《塞尔达传说》的游戏，有方便粉丝应援的智能灯牌与多灯牌联动系统，还有实用的软件工具。

这就有意思了。参加编程大赛的年轻人，应该有不少就是互联网企业的员工。那么，为什么公司领导让他们干活，他们不愿意干，而同样的事情，没有人指派、没有人发钱，他们却干得热火朝天呢？

都说年轻人讨厌科层制，可是"饭圈"也是有层级的；都说年轻人讨厌KPI，可是"饭圈"也是有严格的KPI的；都说年轻人不喜欢加班，但"饭圈"的追星，都是在业余时间加班干的啊。

所以，嗨不嗨，就看你理不理解。

要是不理解，一定会翻车。

有一位著名央视主持人困惑地问年轻人："难道我们现在指望的是房价很低，然后工作随便找，然后一点压力都没有，然后只要遇到喜欢的女孩一追求就可以了？不会吧！"然后，"啪啪啪"，你能听到网上一片清脆的打脸声。

问题出在哪里？

年轻人最讨厌的就是"爹味"。"爹味"就是站在上一代的立场，自带优越感，还有油腻味，却浑然不觉，总想当青年导师。

可是年轻人是这么想的：你们这一代人，占尽了改革开放的红利，你们出道的时候，水平也不咋地，但机会却一大把。到了我们这一代，是我们的水平不比你们高吗？论知识储备、视野见地、审美素质、道德水准，年青一代哪一点不如上一代？是我们没有努力吗？你们让我们上补习班、考奥数、学钢琴、考托福，我们哪一个没干？该做的我们都做了，但机会却被上一代人把持，留给我们的机会在哪里？结果，你们还要以居高临下的姿态，告诉我们别忘了要艰苦奋斗。

***

想要和年轻人相处、想要激励年轻人，就要把自己的身段放低,要去真正地理解他们。

试试看,去掉自己身上的"爹味",换一种"哥味",再去跟年轻人交流。

不要再跟年轻人说:"年轻人,你要努力啊。你努力了,公司就能成长。公司成长了,你们就有更多的机会。"这是"爹味"。

你要这么说:"年轻人,我知道你志向远大,所以我没有想过让你一辈子在我这里干下去。你总有一天会去一家更好的公司,或者是自己创业,搞一家很牛的公司。不过,想要自己干大事业,就得有干大事业的能力。你看,我让你干的这件事,其实是为了让你掌握这种重要的技能。学会了这种技能,你以后在这样那样的场合就能应对自如。"推心置腹,将心比心,这是"哥味"。

当年轻人高高兴兴去把这件事做好了之后,你要再语重心长地跟他说:"年轻人,你这件事做得很好。不过,是不是真正掌握了一项技能,只有一个办法能知道,那就是你去教别人,要是你能教会别人,就说明你是真正掌握了。这样吧,我给你一个团队,你去把这些比你年轻的孩子都教出来,你看怎么样?"

他又高高兴兴地去教一群小喽啰了。当他把这群小喽啰都带出来了,你还有什么好操心的?要是他哪天忽然异想天开,又要趁着春暖花开去新疆、西藏呢?去就去呗,反正你能一拨儿一拨儿地培养出能干的年轻人。

不是说年轻人说的、做的都对,但不管你喜不喜欢,未来的剧情都是由年轻人来写的,你就要顺应这种潮流。

如果你试图去理解年轻人,就会发现,年轻人想要的东西其实跟以往的人们想要的都一样:他们跟上一代人一样想要自我实现,他们跟上一代人一样想要得到体面和尊敬。

总要有个发动机,但蒸汽机的时代过去了,就得换内燃机。高速铁路的时代到来了,就得把一列火车换成一组动车组,每节车厢下面都要有动力装置。贫穷动力失灵了,你只能学会激发"嗨动力"。

怎样和公司里的中老年人打交道

要想长寿,最好的办法不是运动锻炼,也不是健康饮食,而是生对时间、生对地方。出生在 20 世纪,出生在一个经济富足、政治稳定的国家,就能显著增加一个人长寿的概率。进入 21 世纪,人口预期寿命进一步提高,你的预期寿命也会跟着水涨船高。事实上,你每活一天,你的预期寿命就会增加大约 5 个小时。过去常说,人生七十古来稀。现在,人类已经轻松地突破了这个极限。到了 2050 年,预计全球的百岁老人数量能超过 300 万。以后,百岁人生会成为一种常态。

这当然是一件好事,但是,这也会带来一个职场上的新变化。这意味着现行的固定时间强制退休的制度是不可持续的，你不可能 30 岁工作，60 岁退休，然后再有 40 年的时间没有工作、没有收入，只是消耗之前的积蓄。那么，以后会不会延迟退休呢？虽然延迟退休本身无法解决老龄化社会带来的深层次问题，但这可能是一个迫不得已的选择。于是，我们会看到中国经济的一个新趋势：未来，年轻人会和一群五六十岁的中老年人一起做事。

***

他们能找到哪些事做呢？

有个姓陆的上海阿姨告诉我，退休之后想找工作，是因为能赚一些零花钱，不过更重要的是能认识一些新朋友。陆阿姨不愿意被一家单位捆死，她选择兼职。一周五天，她给三家公司打工。换着花样来，她觉得更开心。

有的老人退休之后，干的还是自己的老本行，比如江苏有个戴阿姨，一直做医院管理工作，退休之后，她还去找医院求职。她觉得自己在这方面很有经验，不用可惜了。戴阿姨现在在一家医院做门诊的行政管理工作，还顺带进行消防管理。

有一个退休的阿姨，原来是做会计的，退休之后，找过一份兼职的财务工作，后来觉得没意思，干脆放飞自我，去做网络配音、播音了。兴趣更重要，找份工作，其实就是老年生活的调味品。

我也问过这些老人,都退休了还去上班,会遇到什么挑战呢?他们说,最大的挑战是怎么跟年轻人混在一起。

有一位深圳的汤姓工程师,马上就要退休了,原来是一家科技企业的高管,最近跳槽到了一家初创企业,他57岁,他的老板22岁。有个年轻人跟汤工一起吃饭,忽然说起不知道将来会怎么样,反倒是汤工很淡定。他说:"你想那么多干啥?你就老老实实在这里做,不要在乎工资多少、多辛苦。你既然来了,还有了自己的位置,如果不把它做好,就是对不起你自己。"

***

这是年轻人要向团队里的中老年人学习的原因。不同年龄的人,有不同的生活体验和人生智慧。

年轻人血气方刚,总想着向终点冲刺。老年人不想这些,他们只关注调匀呼吸,稳住配速,该跑完的时候,自然就跑完了。年长的一代,已经习惯了到一家企业就兢兢业业地做好手上这一份活儿。他们比很多年轻人更敬业,更懂得怎么与人合作,更能坦然接受生活中不顺心的事。就像一位老人说的:"当你老了,就得让自己快乐,不然你会更老。"

在人生的大旋涡中,中老年是稳定的岛屿。在一个团队里,中老年人能够发挥的最重要的作用不是提供过去的知识和经验,而是用洞察力去把握局势,成为一个好的传承者,甚至是领导者。年轻人总是要追求更多的东西，无论是名、利、更多的物质，还是更多的刺激，年轻人都想拥有。这种欲望推动着经济的增长、财富的积累，但也带来无尽的焦虑。年轻人为他们尚未拥有的东西而烦恼，中老年人只在已经拥有的东西中选择最有意义的几件。人到了这个年龄，已经超越了物质忧虑，转而集中关注真正有价值的东西。回头去看，变老之前的那些年，似乎都是在为这一阶段做准备。

为什么找个好的导师很重要

入对行、做对事很重要。除此之外，还要跟对人。新人进入社会，有没有遇到导师，导师有多强大，直接影响到他的事业发展。

从很多影视文学作品里，你都能看出导师的重要性。比如在电影《星球大战》系列里，没有尤达大师，就没有卢克·天行者。在金庸的《笑傲江湖》中，没有风清扬，就没有令狐冲。

老师和导师有什么不同呢？岳不群是令狐冲的老师，而风清扬是令狐冲的导师。不是所有的老师都是好老师，但导师是那个能够把你的人生提升到一个新境界的人。风清扬和令狐冲的性格、气质都很一样，师徒二人非常投缘。但是，导师也不一定在性格、气质上跟学生完全一样。郭靖和杨过的性格就很不一样，这并不妨碍杨过跟着郭靖，耳濡目染，感受到"侠之大者"的境界。

我们说的导师，在英文里叫 mentor。这个词是怎么来的？这要从荷马史诗《奥德赛》讲起。《奥德赛》的主人公是参加过特洛伊战争的奥德修斯，打完仗，其他将士都回家了，只有奥德修斯漂流在外，历经重重险阻。奥德修斯有个好朋友叫曼托（Mentor）。在出征之前，奥德修斯将自己的儿子托付给曼托，曼托爽快地答应了。奥德修斯在外多年未归，家里挤满了前来向他妻子求婚的追求者。曼托鼓励奥德修斯的儿子忒勒玛科斯不要失去希望和勇气，要起来反抗这些求婚者，寻找父亲的下落。其实，这个曼托不是曼托本人，而是智慧女神雅典娜假扮的。有了女神当自己的人生导师，忒勒玛科斯很快就成长为一个伟大的英雄。这就是导师被称为 mentor 的来历。你看，导师不是普通的老师，他不仅教给年轻人知识，更多的是要教会他们怎么做人。

***

我从自己的成长经历也悟出了导师的重要性。在我成长的道路上，最幸运的事情就是在读研究生的时候遇到了两位导师。

第一位导师是我的硕士研究生导师张宇燕。张宇燕老师无书不读，思考的都是大问题。他最喜欢的经济学家是曼瑟·奥尔森。奥尔森也是那种不屑于研究"枝末问题"的学者，他曾经说，在寻找研究课题的时候就要像猎豹捕猎，直接找到颈动脉。

张老师对学术的热爱能够感染他身边的人。那时候，他每周都到研究生院给学生上课。讲完课，就到我们宿舍，跟我们一起天南海北地聊学问。从下课聊到吃晚饭，吃完晚饭接着聊，一直聊到半夜一两点钟。我送他出去时，研究生院的大门都已经锁了，我得把门卫叫醒，告诉他我们老师要回家，请他把门打开。那个门卫睡得迷迷糊糊的，将信将疑地打量着张老师，估计心里在想，哪有老师这么晚不回家的。

有一次张老师跟我们聊天，若有所思地说："即使没有任何报酬，我也会选择读书和做学问。现在，还有人给我发工资，给我分房，供着我读书做学问，这是一件多么幸福的事情啊。"在遇见张老师之前，我曾有过患得患失的世俗杂念，总是在想：学什么才能找个好工作呢？要是只会读书，赚不到钱可怎么办？是张老师让我明白了一个道理：原来最值得过的一生，就是做你想做的事情。

***

我遇见的第二位导师是余永定老师。我读硕士研究生的时候就跟着余老师学习宏观经济学，听了一回，没有完全听懂，到读博士研究生的时候，又听了一回，才有点开窍。

我跟着余老师学习了宏观经济学,但更重要的是从他那里学会了怎么做人。余老师是一位传奇人物。他初中毕业于北京四中。他曾经在北京重型机械制造厂当过 10 年工人,后来是以同等学历,被中国社会科学院世界经济与政治研究所从社会上招进来的。1989 年,余老师去了牛津大学,先做访问学者,然后留在那里读硕士研究生和博士研究生。当他最后获得牛津大学博士学位的时候,已经 46 岁了。其实,余老师从 1975 年就开始学习经济学。我在他 1976 年的读书笔记中居然找到了拉姆齐模型。

余老师的身上有一种非常难得的传统士大夫的风骨。"古之君子,其责己也重以周,其待人也轻以约。"这就是余老师的风格。他对学术有着近乎苛刻的完美主义追求。他对我写的随笔、散文是看不上的,但他也读我的文章,偶尔表扬我一下,这使我受宠若惊。

余老师曾经跟我说,即使整个世界都在堕落,你依然可以保持自己的道德水平,并尽可能地创造出一个适宜的小环境。这对我来说极为震撼。凡是在我有所懈怠、有所犹豫的时候,总能想到余老师的话。以我的体会而言,余老师的教导告诉我们:人的一生要过有原则的生活,要在不断的自我完善中找到快乐。

榜样的力量是无穷的。有了导师,你才能看到什么是值得追求的人生,你才能看到什么是"大写的人",你才会从内心激发起自己积极向上的潜能。

什么样的老板值得追随

学术界如此，商界也是一样。沙恩·斯诺在《出奇制胜》这本书里讲到，要是想找到事业成功的捷径，师傅领进门是非常重要的。拥有导师的企业家和没有导师的企业家相比，前者的企业募集的资金是后者的7倍，增长速度是后者的3.5倍。[①]

可是你有没有想到，如果导师这么重要，那么家族企业应该发展得更好才对啊。哪个老师教学生会有父母培养子女用心啊？然而，70%的家族企业毁在了第二代手上。这到底是怎么一回事呢？

这是因为，虽然有导师比没有导师好，但正式的导师不如非正式的导师。什么意思呢？强扭的瓜不甜，给你指派一位导师，哪怕他是一位名师，你也不一定肯跟他学。团队强行给你安排的导师、"拉郎配"式的一对一辅导都是没有意义的。

很多时候，年轻人不是找不到高人，而是经常入宝山空手而回，这跟找名人要亲笔签名一样，你得到的只是跟别人显摆的资本，而没有从导师那里学到真本事。

所以，想找到一个好的导师，就得自己去找。好的导师，其实并不缺，缺的是你去寻师的勇气和拜师的诚意。武侠小说

---

① 沙恩·斯诺. 出奇制胜. 北京：中信出版社，2016.

里经常写到偷师学艺，是有道理的。偷师学艺，往往学得更快，因为徒弟有一种强烈的求学冲动。偷来的导师，比派来的导师更有用。

＊＊＊

你可能会说，我想找导师，可人家看不上我啊！

这又是一种信息不对称。具备当导师资格的人，大多已经人到中年，他们考虑的事情和年轻人不一样。年轻人强调自我奋斗，就像打游戏的时候，还没有满级，天天忙着打怪升级。中年人已经练满级了，打怪升级对他们就没有吸引力了。他们关心的不是自己的功业和成就，而是如何帮助下一代人。

所以，当你在寻找导师的时候，导师也在寻找你。他们想找到值得花心血去栽培的年轻人。当你发现有心仪的导师时，不要犹豫、不要胆怯，把自己真实的一面表现出来，显示出你的诚意和勇气，等待导师的选择。

在职场中，找什么样的导师也有一些小窍门。职场中的导师很可能就是你的领导。跟对了领导，能让你成长得更快。我一直认为，想要成为一名优秀学者，最可行的办法就是先给一名优秀的学者当助手，耳濡目染，能学到很多外人学不到的东西。同样，想要成为一名优秀的企业家，最好的办法就是先跟随一名优秀的企业家，跟他学习怎么做事、怎么做人。

在寻找职场中的导师时，你要回避那种控制欲太强的老板。这些老板大都是工作狂，喜欢大事小事都管，事无巨细，亲力亲为。你很难和这种老板建立一种彼此信任的关系。你要找一个有大智慧，还有点小懒惰的老板。他会放手让你做很多事情。如果你做得好，就会给他留下深刻印象，他就会给你提供更多的机会。

你还要去寻找那种做人很通透的导师。这个世界上确实有很多善良的、洋溢着理想主义精神的人，但也有很多庸人、小人和坏人。社会是非常复杂的。好的导师总是知道如何做到外圆内方、坚持原则，同时又善于变通。好的导师会有一些狡猾，甚至有时候看上去有点圆滑，但他们心里门清，知道轻重缓急。

你要追随那种有团队领导力的导师。他不会搞个人英雄主义，而是懂得如何调动团队成员的积极性。一个团队，有各种各样的人，适合做各种各样的工作。在工作的过程中，可能会遇到各种各样的矛盾和摩擦，这就需要你的导师洞察人性、控制人性。他要能做到疑人不用，用人不疑。"钱散人聚，钱聚人散"，他愿意让团队成员都获得足够的激励。他有自己的愿景，也善于用愿景激励团队成员。

有一个好的导师，对刚进入职场的新人来说太重要了。如果你跟的人前途光明，那你的前途可能也会一样光明。

第五章
要不要换一件事情做

怎么判断要不要换一份工作

我有一次在家里看录像，看的是贝爷（贝尔·格里尔斯）的《荒野求生》。贝爷会专门选一些荒无人烟的地方，除了一把刀子，几乎什么装备都不带，在那里利用自然环境生存下来。我最喜欢看他吃虫子。那天，我看的一集是直升机把贝爷扔到海里，他需要游到一个荒岛上。贝爷跳进水里的时候，冲着摄像机说了一句很有哲理的话。他说，从下水的地方到海岛，看起来最近的距离是直线游过去，其实不然。海里有浪，直线游过去，正好迎着浪，会更费力气。省力省时的办法是斜着游，顺着波浪，把阻力变成推力，同时还要盯着自己的目标，不断调整方向，一点点靠近。

人生何尝不是如此。一个人不可能所有的时候都顺风顺水。你可能要花很长时间才能找到工作。你可能会遇到专业不对口、薪酬不如意、对企业文化不适应，或者是遇到不喜欢的老板和同事等烦心的事。这时候，就会有一个小恶魔偷偷地在你的耳边低语：换个工作吧，换个工作吧。

有两类人特别容易听得进去。一类是"95后"，职场上的全新物种。有个笑话说，"95前"的人是因为不听老板的话被辞退的，"95后"会因为领导不听话就辞职。另一类是40岁上下的中年人。人到中年，突然有了危机，对已经熟悉的一切渐生倦意，对未来要怎么走举棋不定。要不，换个工作吧。

我的忠告是：不要辞职，不要辞职，不要辞职。

工作真的不好找了。中国经济依然有下行压力。经济不行，工作岗位就会减少。更糟糕的是，好工作消亡的速度更快。"黑天鹅"满天飞，"白天鹅"都快绝种了。一个突如其来的变化，就有可能沉重打击昔日蒸蒸日上的行业，行业里每一家企业或多或少都会受到影响。更不用说，科技的进步让消费者受益，却会让打工人心寒。未来的新技术革命，将大规模替代很多中产阶级的工作岗位。

换个工作未必能解决你的烦恼。远处的草原总是看起来更加翠绿，但那是幻觉。走到眼前你会发现，其实都一样。只要是企业，就一定有形形色色的人。只要有人，就有各种各样的冲突和矛盾。你在这家企业遇到的不顺心之事，很可能在下一家企业里一样会有。

频繁地换工作，很可能会越换越糟。BOSS直聘的数据显示,从"70后"到"00后",第一份工作的平均在职时间不断缩短,已经从84个月降至11个月。"95后"的第一份工作平均在职时间是15个月。"00后"的第一份工作平均在职时间已经降至11个月。社会流动性提高,年轻人喜欢跳槽,无可厚非。但是,在一份工作坚持不到半年就跳槽的求职者中,70%的人工资低于同龄人的平均水平。要想通过跳槽涨工资,黄金节点是一份工作坚持了三四年以后,这时候再跳槽,工资涨幅平均能达到30%以上。如果你是无目的地跳槽,没有通过跳槽获得职务晋升或技能提升,那就要小心了,换到第四份工作的时候,工资就会下降;换到第八份工作之后,相较同龄人,工资会出现断崖式下降。[①]

***

怎么判断要不要换一份工作呢?在做出辞职决定之前,你不妨先试三招,这三招不行,再考虑换工作也不迟。

第一招,试着自己掌握工作节奏。你的大部分烦恼,都是因为失去了掌控感。天天开会,却看不到结果。每天汇报,却没有创新的权限。你发现自己成了流水线上的一颗螺丝钉。

试着把这种掌控感夺回来。以你的生活为指南针。你需要一份工作,是为了让自己活得更好,而不是为了让你的老板跻身《福布斯》富豪榜。

---

① BOSS直聘研究院,《重塑时代——2021人才资本趋势报告》。

教你一个小窍门：这世界上 80% 的活儿，只要做到 80 分就已经够好了。这可不算躺平，能做到 80 分，你依然是优秀的员工，但不用再像过去那样拼命，这样你才能重新找回人生的掌控感。可以收，也可以放；可以取，也可以舍。别人操纵不了我，我是为自己活着。很多职场新人之所以感到累，就是因为总有一种完美主义情结。试试看调整一下节奏，让自己放松下来，说不定效果会更好。

第二招，试着从局外人的视角看自己的工作。2009 年，一位印度裔经济学家巴苏应邀担任印度财政部首席经济顾问。从学者到官员，他感到很不适应。印度政界的官僚作风可是太有名了。怎么办？巴苏想到，在第一次世界大战期间，人类学家马林诺夫斯基因为欧洲战火回不了国，于是在太平洋上的特罗布里恩群岛上待了三年，观察和记录当地居民的生活。巴苏想：我为什么不能也像一个人类学家一样，花三年时间观察官员的行为呢？[1]

你可以做个角色扮演。比如你可以设想自己其实是一个卧底。当个卧底比当个员工更刺激吧。为什么你要到这家公司当卧底呢？因为你要搜集关于这家公司的所有情报。那你就不会只关注自己眼前的工作，而是试图从全局理解公司的业务。陷入了麻烦，你也不会马上抓狂。你会想，有意思，他们怎么会搞砸呢？我得琢磨清楚，回头把这份报告写出来。这份报告是

---

[1] 考希克·巴苏. 政策制定的艺术. 北京：中信出版社，2016.

要给谁的呢？是汇报给你自己的。冷眼旁观，你才能看得更清楚。这多好啊，换个视角，你就会觉得，这家公司里的所有优点和缺点都是为你演出的，是为了让你有更多的学习机会。

第三招，要锻炼自己的旷野生存能力。我说的旷野生存能力，可不是让你像贝爷一样吃昆虫，喝从大象粪便中过滤出来的水。所谓的旷野生存能力，说的是如果离开了现有的平台，放弃过去的荣光，从头再来，哪怕你一无所有，在旷野之中，还能不能活下去，还会不会有人追随？

怎样锻炼自己的旷野生存能力？当然是从现有的工作、现有的平台入手。如果你去的是一家大企业，那大企业能为你提供更广的视野、更多的实践机会。在大平台上锻炼才干，速度会更快。当然，大平台也有缺点，那就是能人太多，内部关系太复杂，想脱颖而出没那么容易。如果你去的是一家小企业，好处是更容易独当一面，试错的成本更低，也更容易了解到真实的社会，学习到更多的民间智慧、街头智慧。当然，小企业的缺点是过于封闭，接触不到更广的世界和更有挑战性的任务。知道自己在哪个平台上，认清不同的平台能够提供的机会，你就能更主动地提升自我。不要问你能为企业做些什么，要多问问企业能为你做些什么，有哪些机会是你能善加利用的。

**

烂工作会毁掉你的一生。摊上一份烂工作，感觉就像进了监狱，没有出头之日。但是，即使烂工作像监狱一样糟糕，你还是有机会逃出去的。在监狱里的时候，你需要一方面练习逃生技能，另一方面思考逃跑计划。

从旧金山的渔人码头可以乘坐渡轮前往阿尔卡特拉斯岛。这座小岛在1963年之前是一座监狱，曾经关押过黑帮教父阿尔·卡彭。关在那里的犯人通常是长期监禁，没有假释的希望。1962年6月11日晚上，三个囚犯居然从岛上越狱了。他们用了一年的时间，用勺子在牢房的墙上挖洞，接通了走廊。最后，他们乘坐用胶水和雨衣制成的充气筏出海。他们消失近8个小时后才被人发现，并且再也没有被抓回去。

要是真想逃离，没有逃不出去的"职场监狱"。

第一份工作不理想怎么办

有的年轻人之所以想换工作，倒不是因为日久生厌，而是因为觉得第一份工作不理想，拿不出手，让人在人前抬不起头。毕竟，上了这么多年学，该找工作了，这很像种庄稼最后到了要收获的时候。要是第一份工作找得不理想，很多年轻人就会觉得自己很失败，那么多年寒窗苦读都白费了。所以，他们才会想要不要跳槽，换一份更光鲜亮丽的工作。

其实，即使第一份工作看起来不理想，也没有什么大不了。

第一份工作不理想，有可能是因为原来的期望值太高。流行的社会叙事把找工作当成一项竞赛。你要找的不是自己想做的事，而是别人眼中羡慕的工作。经济学鼓励人们按照最优化的模式行事。所谓最优化，就是要穷尽一切可能选项，从中找出最优方案。这听起来没错，但在现实中，最优化模式反而会让你的结局更差。

为了确保每一次选择都是最优的，就必须把所有的选项一一试完。选项越多，这样做的难度就越大。与满足者相比，最优化者会花费更多的时间，反复琢磨，举棋不定。他们还喜欢把自己的选择跟别人的选择做对比。即使买到了自己想要的东西，最优化者也更容易事后后悔，因为新的选项又会出现。总体来说，最优化者对结果总是不那么满意，他们对美好的事物缺乏敏锐体验，对糟糕的情况也缺乏应对能力。在出现了糟糕的情况之后，最优化者要花很长的时间才能逐渐恢复。相比之下，最优化者的生活满意度更低、更不快乐、更不乐观、更容易有抑郁的倾向，总是会陷入无止境的焦虑、后悔和怀疑之中。[1]

***

更糟糕的是，如果你总想着第一份工作必须是"完美工作"，就会特别害怕失败，而害怕失败往往导致最终真的失败。

---

[1] 巴里·施瓦茨.选择的悖论：用心理学解读人的经济行为.杭州：浙江人民出版社，2013.

在生活中我们经常会遇到一个现象：在学校里总是考第一的优等生，出了校门未必混得很好。有时候，在学校里考试成绩很差的学渣，反而在社会上混得风生水起。这是怎么一回事？

一个重要原因就是学渣的抗风险能力更强。学霸一路顺风顺水，被老师表扬，被同学羡慕，他会觉得自己应该做什么事情都会成功，但这是不可能的，很多事情成功与否全凭运气。当学霸创业失败了，他就会深受打击，不敢再尝试了。学渣就没有这种心理负担。自己在学校里总是挨骂，一件事干不成、干不好，在他看来是很正常的；干得好，那会让人喜出望外。其实，创业的次数越多，成功的概率越大。学渣不过是敢于尝试的次数多了，所以才更容易成功。

这给我们的启示是：要学会与失败共存。怎样学会与失败共存呢？这就要先弄明白人为什么会害怕失败？这主要是因为失败的代价难以预测，所以人们倾向于高估失败的代价，甚至会把失败的代价想象成无穷大。为了避免这种恐慌心理，一个办法是先对失败的成本做一个大致的评估。当然，没有人能准确评估未知的风险，但有评估和没有评估对人的心理影响是不一样的。有了一个大致的评估，哪怕只是拍脑袋拍出来的数字，也能帮助克制心中的无限恐慌。在准备冒险之前，先准备好预案。万一失败，怎样才能东山再起，只要有B计划，再去承担风险，就不会太过焦虑。这就是投资里常说的"锁定风险，放飞收益"。

所以，不妨放宽心，别焦虑。你在找第一份工作的时候，最需要看重的既不是收入，也不是职位，而是这件事能给你带来的成长机会。不妨把自己的第一份工作看成一个"长经验"的机会。两三年之后，你可能会停下来总结思考，看看是继续做下去还是果断放弃。年轻的时候，可选择的余地可能并不多，但在这人生最关键的时期，更重要的不是选择，而是成长。成长之后，选择的机会自然就会增加。

先试着在公司内部腾挪

如果你经过仔细判断和认真思考，发现正在做的工作并非你想要找的事，那么，在考虑辞职之前，你可以先试着在公司内部腾挪。

我们在之前讲过，大部分工作都不是在网上招聘的，而是在隐形的就业市场上。公司内部就是一个隐形的就业市场。一个新的岗位需要人，往往是先从公司内部找人。在公司内部转换岗位对你来说可能是一种更好的选择。你既不用承受换工作的高额成本，又能顺利地实现职业转换。

举个例子。有个很优秀的年轻人，她职业发展的关键时期就是在一家大企业——腾讯。她在腾讯一干就是 8 年。有人问她：你怎么能在一家企业干那么长时间呢？她说，因为腾讯的选择空间大啊，想干啥都可以。刚进腾讯，她是在时尚中心当编辑。干着干着,她觉得这个部门在公司里太边缘化了,想要找一个更大的平台。于是,她就去新闻频道,问:"我能不能到你们部门啊?"新闻频道的人说:"我们是整个腾讯最累、最苦的部门,你还愿意来?"她说,愿意。说来也巧,时尚中心在 16 楼,新闻中心在 17 楼。她抱着计算机,就从一个部门腾挪到了另一个部门。

***

那么,你又能如何更好地利用腾挪策略呢?

首先,你要了解各个小组织之间的差异。你既需要去观察每个小组织内部的氛围,也要观察小组织之间的微妙竞争与合作关系。你需要事先了解不同部门的职责、不同岗位需要的技能,同时衡量一下,你是否拥有这些技能。你还要打听清楚自己想去的部门缺不缺人,也要弄明白这个部门在整个大的组织架构内起着什么作用。

其次,你既要说服小组织的领导,还要说服他的上司。小组织的领导想要人,要得到上级的首肯,但如果你走的是上层路线,上级领导批准了,小组织的领导不情愿,他一样会用各种借口推诿。张艺谋报考中国电影学院的时候,就遇到了这样的尴尬事。他的年龄太大,超过了报考的年龄要求。一位朋友给他出主意,让他直接写信给文化部部长,把自己的作品附上。收到来信,看到张艺谋的作品,文化部部长很爱才,就让电影学院破格录取张艺谋。没想到电影学院的领导居然拒绝，搞得文化部部长大怒，据说拍了桌子，说"招也要招，不招也要招"。最后虽然招了，但张艺谋的日子并不好过，学到一半有辍学的风险，毕业分配也是最差的。[①]想要避免这种情况发生，就必须同时做好上下两级领导的工作。小组织的领导本来就想要你，又有上级领导的指示，一拍即合，事情就好办了。

最后，要找到内部调动的合法性。也就是说，要把你的个人规划和企业的发展前景结合起来。站在个人的角度，你想的多半是自己的打算。为什么想去另一个部门呢？你的理由可能是：想尝试新事物，想让工作时间更有规律，想离家更近。这些理由在你看来都很充足，但对不起，领导看得不一样。他无法满足每一个员工的个性化需求，还必须时刻注意搞平衡。满足了你的要求，那别人的要求怎么办？能够说服领导的最佳办法是把你的事情放进企业的大规划中。比如，你要说，我们企业要想发展，最缺的是既懂技术又懂市场的人。我是技术出身，但愿意到市场部门锻炼，我的调动能帮助企业更好地与客户沟通，更好地从技术角度解决客户的需求。这样，你才能够说动领导，你的调动才能有足够的合理性。

[①] 张艺谋，方希.张艺谋的作业.北京：北京大学出版社，2012.

论"斜杠青年"的自我修养

再来看另一种情况。你想要换一件事做,但又不想离开现有的工作,能不能有一种两全其美的选择呢?有,在年轻人群体中兴起了一种新的趋势,就是"斜杠青年"。"斜杠青年"不满足于单一的职业模式,而是主业、副业兼顾。调查显示,"90后"中近五成人有副业。《2019年两栖青年金融需求调查研究》提到,年轻群体中有主业的兼职、创业者超过800万人。主业之外再做一份兼职,不仅仅是为了多赚一点外快,也是为了给平淡的生活增添一些色彩。主业青年说,要坚持把一壶水烧开。"斜杠青年"说,没错,但这不妨碍在等水烧开的时候先打一圈麻将。

讲个案例吧。有个"95后"的山东姑娘,网名叫十四,大学毕业之后在青岛做财务工作,月薪到手四五千元。这点钱怎么够花呢?有同学去一线城市的房地产公司上班,月入过万,但干得真累,24小时待命。2019年,十四从青岛回到老家威海,在一家策划公司做行政工作,工作清闲,但收入更低了。怎么办?十四琢磨着业余时间开一家店。奶茶店、花店、咖啡都是女孩子喜欢的,但至少要投10万元,十四只能望而却步。

想来想去,她想到了一个点子:开一家成人用品店。十四对成人用品店一无所知,只记得上学的时候,几个男同学路过一家这样的小店，兴奋异常，交头接耳，想进去看看又不敢。她琢磨了一下，启动资金只要 4 万元，而且不需要看店，24 小时自助，用手机远程监控就行，要是能开张，利润还不薄。那就它了。

不出所料，家里人很不理解。妈妈跟十四大吵一架，说："你怎么想干这个？是不是在外边学坏了？"爸爸没有吭声，在手机上搜索"飞机杯"。他用手指放大屏幕上的图片，小声地问：卖这个能赚到钱？

十四的小店开张了。从外面看，很像一家小小的居酒屋，日式风格，三台白色的商品自动贩卖机一字排开，按照性别、种类摆放整齐。第一天，没人。第二天，来了一个男子。十四紧张得不得了，心里说，快买啊，快买啊。那人花了 200 元，买了一款延时产品。第一次去店里补货，十四早上 4 点多，天还没亮就去了，压低帽子，戴紧口罩，像做贼一样偷偷摸摸。现在，她一般中午过去，清点补充货品，还会在展示橱窗上写一些创意文案，打扫完卫生后再离开。她一共开了两家成人用品自助店。两家店每个月近万元的收入，再加上自己主业的薪水，十四的收入在当地已算中上了。

"斜杠青年"已经是个全球现象。OECD 的兼职就业率统计显示，印度尼西亚和澳大利亚的兼职就业率分别达到 25.9% 和 25.6%。其他如德国、英国和日本的兼职就业率都超过了 20%。美国的兼职雇员比例在 2010 年达到巅峰数值，为

20.1%，最新的数据是17.4%。从趋势来看，2008年以后，兼职比例开始上升，全职比例开始下降。这说明，经济低迷催生了兼职现象。越是在经济困难时期，做副业越是一种潮流。人生总要有个B计划。"副业刚需"，这就是成年人的B计划。

***

主业青年个个相似，"斜杠青年"各有各的不同。

一种"斜杠青年"是"地下党型"：主业和副业互相独立，很少交叉。比如，主业是警察，副业做瑜伽教练；主业是前台的小姐姐，副业是美妆博主；主业是程序员，副业是酒吧的DJ。爱因斯坦创立相对论的时候，主业是瑞士伯尔尼专利局的一名小职员。刘慈欣写科幻小说的时候，主业是山西阳泉娘子关火电厂的一名高级工程师。

一种"斜杠青年"是"套娃型"：一个主业，套着其他的副业。比如，主业是建筑师，副业接家居的装修设计，还可以去学校里给学生上课；主业是记者，副业开个自己的公众号和视频号；主业是程序员，业余时间写个小程序上传到App Store。

一种"斜杠青年"是"左右开弓型"。埃隆·马斯克其实也是个"斜杠青年"，因为他同时担任特斯拉和太空探索技术两家公司的CEO，还是太阳城公司的董事会主席。再比如，一位加拿大阿尔伯塔省的园艺师，会把夏天的时间用来做园艺，冬天的时间用来写剧本。

为什么不能把副业变成主业呢？副业虽然看起来更诱人，但可能更不稳定。主业像是债券，收益低，风险也低；副业更像股票，收益高，风险也高。主业像是农耕，收成比较稳定；副业更像打猎，有时打得到猎物，有时空手而归。"斜杠青年"之所以要主业、副业两手抓，是因为对大多数人来说，副业的收入都低于主业。

"斜杠青年"看起来更自由，但想这么自由自在地赚钱，需要具备两种自我修养。第一，要有一技可以傍身。没有一技之长就想去做副业，顶多算是单次出卖劳动时间。做网络直播，要能说会道。写公众号、做短视频，要有好的表达能力。

第二，要能够在多份工作之间轻松切换。某公司里有一位行政助理经营一家淘宝店。平时，公司业务不忙的时候，她上班时间处理一下订单和留言也没有被人发现。没有想到，有一次领导让她打份合同，就在这时，忽然有客户找她处理退款事宜。行政助理忙着跟客户沟通，就把合同的事忘了。领导等了半天不见合同，就过来看了一眼。行政助理上班处理淘宝订单被当场抓获，不仅挨了领导一顿骂，还被全司通报批评。这就是典型的顾此失彼。副业没做好，还失去了主业这个根据地。

***

那么，怎样才能更好地在主业和副业之间自如切换呢？

美国计算机科学家卡尔·纽波特讲了四种不同的工作哲

学①。第一种叫隐居哲学。这种工作哲学要求你远离尘嚣，跟外界很少联系，只是专注于自己的创造。第二种叫双峰哲学。这种工作哲学要求你将个人时间分成两部分，一部分时间用来深度工作，另一部分时间到红尘中走走。第三种叫节奏哲学。这种工作哲学是把深度工作和肤浅工作的时间进行分配，用一种严格的日程安排固定下来，也就是说，每天都要留出固定的时间用于深度工作。比如，每天清晨或是晚上，趁着自己头脑最清醒的时候完成深度工作，而在其他时间处理日常事务。第四种叫新闻记者哲学。遵循这种工作哲学的人往往事务繁忙，但具有极强的自控力，可以随时在肤浅工作和深度工作之间切换，见缝插针地利用时间。

不同的人有不同的工作风格。纽波特指出，无论你更习惯哪一种工作哲学，都要锻炼自己的深度工作能力。所谓的深度工作能力，是指能让你全神贯注、心无旁骛地进行职业活动的能力。在互联网时代，能够掌握深度工作法的人越来越少，但深度工作法能够带来的收益却会越来越高。掌握深度工作能力的人才是未来的赢家。

如果你的性格更习惯第一种工作哲学，那你并不适合做"斜杠青年"。其他三种工作哲学都能帮"斜杠青年"更好地提高效率。比如说，双峰哲学就是埃隆·马斯克的工作风格。据说他是在不同的办公室里处理不同的事务。节奏哲学更适合把

---

① 卡尔·纽波特.深度工作.南昌：江西人民出版社，2017.

不需要动脑子的肤浅工作当作副业。比如自驾通勤的上班族当上了滴滴司机，顺路接个单，赚个油钱。新闻记者哲学更适合创业者，因为他们需要在很短的时间内处理大量不同的事务。

***

找到了适合自己的工作哲学之后，你还要学会四象限时间管理法（见图 5-1）。这是美国著名管理顾问史蒂芬·柯维在《高效能人士的七个习惯》以及《要事第一》这两本书里介绍过的时间管理方法。

简单地说，我们可以把自己每天要做的事情分到四个象限里面。象限一是重要而急迫的事情，象限二是急迫但不重要的事情，象限三是不急迫也不重要的事情，象限四是重要但不急迫的事情。

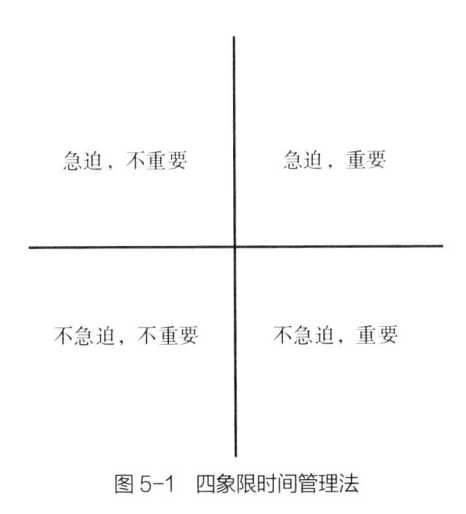

急迫，不重要	急迫，重要
不急迫，不重要	不急迫，重要

图 5-1 四象限时间管理法

如果你能够把自己每天要干的事情放在不同的象限里，那你就知道该怎么更好地管理时间了。象限一里的事情既重要又急迫，你需要优先安排，而且要投入最多的精力与资源。但问题在于，我们虽然容易判断一件事情是否急迫，但很难判断它是否重要。也就是说，象限一最大的敌人是象限二。你接了太多急迫但不重要的工作，就没有时间去完成急迫而且重要的工作了。怎么区分象限一和象限二呢？做完事情，累并快乐着，很有成就感，这样的事属于象限一；做完事情，累而且迷茫，甚至会莫名其妙"伤感"，这样的事属于象限二。

要把象限二里的事情尽可能地减少，你才能腾出更多的时间。怎么办呢？一是学会放权，能让别人做的事情就不要插手；二是尽可能地把这些事情标准化和流程化。现代工业社会的生产效率能够大幅度提高，靠的是什么？归根结底，就是把工序拆分，然后把每一道工序都尽可能地标准化，最后再考虑整个流程的优化。

象限三里的事情既不急迫，也不重要。包括哪些事情呢？其实你心里是知道的，就是做了之后会感到后悔的事情。比如刷抖音、打《王者荣耀》、看网络小说、追"泡菜剧"。最好的办法就是把这些活动统统砍掉。砍掉这些活动，不仅仅是为了省出更多的时间，也是为了提高我们的意志力。苏联作家高尔基说过："哪怕是对自己的一点小小的克制，也会让人变得强而有力。"

最难的是象限四的事情。象限四就是重要但不急迫的事情。学习新的技能、锻炼身体、花更多的时间陪伴家人，这些都是人生至关重要的事情，但又不在每天的工作清单里。时间管理的最高境界是找出足够的时间去做象限四中的事情。怎么才能为象限四留出足够的时间呢？一靠智慧，二靠胆魄。智慧帮助你认清哪些事情对你的人生更重要，胆魄帮助你在面对两难选择的时候下决心。曾任美国财政部长的保尔森有一句名言："安排你的生活并不是你老板的责任。记住，无论在什么情况下，只知道埋头傻干的人不会获得成功。"

找到自己的工作哲学，善于运用四象限法管理时间，你就会发现，其实做个"斜杠青年"，可能是一种不错的选择，退可守，进可攻。

怎样成功地实现转型

有时候，之所以会换一件事做，并不是因为你原来的事做得不好，恰恰相反，是因为你做得太好，所以得到了升迁的机会。兴奋之余，你又会暗自担心。你想到了著名的"彼得原理"：每一个员工都会被晋升到与其不称职的地位。优秀的工程师未必是优秀的企业总裁。一流的学者可能会变成平庸的大学校长。你会害怕，要做的事不一样了，还能做得更出色吗？

有些人会在这种角色转换的过程中惨遭失败。是因为他们能力不行吗？并非如此。如果他们能力不行，就不可能得到提拔。那是因为他们遇到的困难更多吗？也不是。失败的转型者遇到的挑战并不比成功的转型者更多。之所以会有角色转换的失败，是因为转型者未能理解情境的变化，未能根据这种变化及时做出调整。

失败的转型者有一个共同的特点。他们会认为：我之所以会被提拔，就是因为原来的工作做得好。那么，上级一定希望我延续之前的那种表现。这种想法是具有破坏性的。持续用你熟知和擅长的方式工作，并且避免你不熟悉的方式，虽然在刚开始的时候看起来挺管用，但很快你就会陷入一种拒绝承认现实的状态。你可能会一直在这种思维状态里，直到周围的墙体全部坍塌。

很多转型失败者还会陷入一种"行动陷阱"。也就是说，他们会想，我必须表现一下，我必须做一些事情。但如果没有考虑清楚转型中可能遇到的挑战，贸然地一意孤行，会让你遇到更多的阻力，让自己成为一个外来者，遭到更多的攻击。所以，成功的转型者必须学会在有所为和有所不为之间达到平衡。[1]

---

[1] 迈克尔·沃特金斯.创始人：新管理者如何度过第一个90天.北京：中信出版社，2016.

***

当你换了一件事情做，会遇到哪些转型挑战呢？

当你升到更高的位置上之后，视野会更广阔。你不会局限于从自己的专业、自己的部门看问题，而是会兼顾方方面面。这要求你从专才变成通才，能迅速进入一个新的领域，并在最短的时间内把握新领域的核心和关键知识。这也要求你适度地放弃过去熟悉的认知模式，认识到过去坚信不疑的东西可能是有局限的。这还要求你达到一种更高的智慧，也就是头脑中经常要有两种不同，甚至相互矛盾的思维体系，而且能运转顺畅。

当你升到更高的位置上之后，你影响他人的方式就会发生变化。当你只负责一个小团队时，影响他人的方式更多是靠权威和命令。这就好比基层指战员，要成为士兵的表率，要直接下达作战指令，还要身先士卒发起冲锋。但到了统率全军的时候，决策会变得更加模糊。一件事情的因和果更为复杂，涉及的变量更多，结果的不确定性更强。你自己已无法判断什么是正确答案。决策更多地被其他人的专业判断和"谁信任谁"以及相互支持的网络所影响。这就需要学会分权，把任务分配给合适的人去干。让前线听得到炮火声的人有更多的主动权。而你想要指挥得动他们，更多要靠影响力而不是权威。你要用更多的时间去倾听、说服和协调。

当你升到更高的位置上之后，决策的性质也会发生改变。决策会受到更多政治因素的制约，也就是说，一件事是否能干成，不取决于这件事情本身，而取决于围绕着这件事情衍生出的各种错综复杂的利益较量。会有更多的人时刻盯着你。有人愿意和你结盟，也有人会站在你的对立面。怎样让你的朋友越来越多、对手越来越少，是一个全新的挑战。而且你要记住，没有永恒的朋友，也没有永恒的敌人，只有永恒的政治。争取群众支持也变得更重要。但晋升之后，反而会让你和一线执行人员之间的距离更远，中转环节的增加，可能会降低信息沟通的效率。这时候，你要学会使用批发的沟通方式，而非零售的沟通方式。零售的沟通方式是一对一地影响别人。批发的沟通方式是一对多地影响别人。这就需要有新的渠道。比如说，你可能需要召开中型，甚至大型会议，或者是给全体员工写电子邮件，争取让信息能够传播给广大的观众。这个时候，你会发现自己似乎变成了一个演员。事实上，整个世界都是一个舞台，表演能力是每一位成功领导者的必备素质。

***

解放军打仗有个传统，就是非常重视初战，而且初战必须打胜仗。比如，八路军第一次主动进攻日军并取得胜利的战役是平型关大捷。这次战役集中了 115 师全师主力，对日本精锐部队的板垣征四郎第 5 师团第 21 旅团一部实施歼灭性打击。

抗美援朝的时候，志愿军和美军第一次交手是云山之战。第39军经过三天浴血奋战，围歼美骑兵第1师第8团，并将其大部歼灭。

初战必胜，一方面是为了增加自信，鼓舞士气；另一方面也是为了熟悉新的局势，尽可能地获取战场信息。同样的道理，当你到了更高的岗位上，要做一件新的事情，也要重视初战，而且初战必须打胜仗。

这意味着，你要选择一个有限度的目标，集中精力和资源先找到一个突破口。刚刚上任，最忌四面出击，铺的摊子太大，难免会顾此失彼。初战必胜会使你发现，一个小的成功能解锁后面的很多任务线，使你获得更多的机遇，一件好事就能连着另一件好事。

在职场中初战必胜，还意味着你在创建自己的部落文化。企业中能人很多，能够把一件事做成的方式也很多，但你更希望团队成员用什么样的方式做事？在多大程度上容许个人英雄主义？在多大程度上强制下级服从上级？初战也是一次现场演习。团队成员需要确定做事的界限：什么被视为成功，什么不是。一个团队的文化是从它诞生的那一天就建立起来的。

想做到初战必胜，还要去寻找最容易被上级关注到的成功。赢得同事和下属的信任当然很重要，但你的上级如何看也很关键。即使你并不完全认同上级的做法，但在思考先打哪一场战斗的时候，还是要学会从上级的角度去思考问题，先解决上级在意的问题。这将对你建立信誉、获取资源有着长远的作用。鲍威尔上将曾经担任过美国参谋长联席会议主席。当他担任旅长的时候，美军中有一套所谓的现代管理评测评估标准。从旅到营，从营到连，每个月都要填表上报。鲍威尔并不认同这种做法，但他没有与上级对着干。他的策略是，下大力气把所有的评估指标都抓上去，然后就能腾出手做自己认为真正该做的事。鲍威尔说："把国王要求的事做好，别让他再找你的麻烦，然后你就可以抓你认为重要的工作了。"[①] 这样做，既兼顾了命令的执行，又达到了管理的目的。

最终还是想辞职，该怎么办

说起辞职，可以谈谈我的经验。我硕士研究生和博士研究生都是在中国社会科学院研究生院读的。毕业之后，直接留所。我遇到了非常支持我的领导，也有一群志同道合的朋友。我们所——中国社会科学院世界经济与政治研究所的平台也很好，和各国的学者交流机会很多。我在这里工作了差不多20年，做到了副所长，是当时中国社会科学院最年轻的副所长。

那我为什么还要辞职呢？中国社会科学院有一个不成文的规矩，所长往往都是一个学科的学术权威。所以，别人经常会问，你要是学问做得好，怎么没当上所长、副所长啊？但是，

[①] 宫玉振.铁马秋风集：企业如何向军队学习打胜仗.北京：中信出版社，2021.

这也带来了一个困惑。我的面前有两条道路：当所长，就要准备好做行政工作；当学者，就要一心一意做学问。我花了两三年的时间，认真思考自己到底会不会当官。最后发现，我的性格和兴趣都不适合从政，那又何必勉强自己呢。

辞职之后，我到大学教书。从研究所到大学，生活和工作并没有太大的变化，只不过有了更多的自由时间读书写作。我的经历表明，人生哪怕看上去平平淡淡，实际上也会有波澜。到了人生的某个阶段，人们经常会遇到岔路口。有人会沿着原来的路继续朝前走，有人会忽然走上另一条路。保罗·高更年轻时做过海员，后来是一名股票经纪人，42岁去了太平洋上的塔希提岛，专心画画。大卫·李嘉图本来是做证券交易的，后来研究经济学，成为"一代宗师"。

＊＊＊

可是，怎么知道自己到底该不该辞职呢？

这事得问你自己。很多时候，到了该走的时候，你心里早已知道。但是，你需要提醒自己，不要犯冲动辞职的错误，也不要一心追求所谓的理想职业。

在很多影视作品里，你会看到很过瘾的辞职场景。受够窝囊气的员工拍案而起，还要义正词严地把可恶的上司痛骂一顿，或者干脆一杯热咖啡倒到他身上，然后在同事敬佩的目光中，昂首阔步地走出公司的大楼，扬眉吐气，拂袖而去。这可能是最糟糕的辞职行为。没有人会把你看成英雄，那不过是你自己的想象。当你想再找一份工作的时候才会察觉，别的公司的人都用异样的眼神看你。一个不会辞职的员工，注定不是好员工。

也不要费心去找完美职业。不要想着这个世界上会有一家公司、一份职业，完美地符合你的所有期待。这就像不要期待这个世界上会有一个人是你的理想伴侣，其实道理是一样的。你要找的是一个差不多好的工作机会。这个差不多好的关键是，公司的价值观与你的价值观一致，公司所在的行业是有前景的。剩下的事情，就要看你和公司之间的互相磨合了，磨合好了，天作之合，磨合不好，人间怨偶。

理论上说，在换工作之前，你最应该考虑的事情是：我是不是已经把能学的东西都学到了？我还能不能把现有的工作做得更有意思？我的潜能是不是都已经发挥出来了？最好的换工作的时机就是，你已经在一个岗位上学到了能学的东西，做了能做的各种创新，但受到平台的限制，你还有更多的潜能没有被释放出来。你毕业了，那就要找下一个学习机会了。

实际上，我们很难对过去和未来做出准确的评估。经历过职业身份转型的人，和那些宗教信仰改宗，或是经历了婚变的人会有类似的体会。这个过程有时候会很痛苦，就像青春期的成长蜕变，看似如蝴蝶出蛹一般，把茧留在原地，自己翩翩飞走，其实没有那么容易。你和你的过去是紧紧连在一起的。当你从过去的自我中挣脱出来，有时候会伤痕累累。

但是，该了断的时候就要了断。有一则寓言故事，讲的是一个女人带着一块石头在水里游泳。石头太重，女人慢慢下沉。岸上的人都喊，快把石头扔掉啊。女人却固执地带着石头继续游。直到她沉入水下的时候，人们还听到她说："我不能扔掉这块石头，它是我的。"该把石头扔掉，就要扔掉。美国作家厄普代克曾说："成长就是背叛。没有其他的道路。没有离开，就没有到达。"

***

当然，我们希望这个转型的过程更顺利，那就要给自己留出过渡期。

当人们想要换一份工作的时候，往往会心里先有个小萌芽。这个萌芽会慢慢滋生。在这个过程中，你会慢慢走出原来熟悉的圈子，开始和外面的世界接触。不妨先利用业余时间，做一些兼职或培训，体验一下你想去的新岗位、新职业。自告奋勇做个志愿者，找个机会去实习。想换新的工作，那一定是要建立新的人脉，获得新的信息，体验不同的人生。你要建立的新的人脉，其实就是一个新的学习共同体。

等时机成熟了再提出辞职。想要顺利地完成辞职过程，请记住三件事情。

第一件事情：一定要等拿到了下一家的 offer，再辞去现在的工作。

为什么呢？因为在招聘的时候，在职的求职者比失业的求职者占尽优势。这看起来很不公平，但站在招聘者的角度，你也会这样做的。如果求职者有份工作，我就知道去哪里调查他。但他要是失业了一段时间，这段时间就是空白的，我不知道都发生了什么，自然要更加慎重。在没有拿到下一家的 offer 之前，先不动声色地做好现在这份工作。注意做好保密工作，职场也是个八卦场，没有不透风的墙，提前走漏风声，有可能让你处在一个很不利的地位。

第二件事情：让你走时的营地，比你来的时候更好。

什么是最好的辞职？那得是原来的同事都舍不得你走，新的同事都巴不得你赶紧来。所以，在决定辞职之后，你要先把手头的工作都处理完，然后要找到接替自己工作的人。有时候，你需要提前布局，提拔新人，把他带出来，让他熟悉你做的工作。为了方便工作交接，你还需要整理出一份"操作手册"，或是"交接清单"。这份"操作手册"上要讲明白你这份工作的职能，完成这份工作的几个主要步骤，各个步骤中的注意事项，经常联系的部门和人员名单，还有他们的联系方式。这份手册还要讲明白，你已经完成的工作；尚待完成的工作；需要时时检查，不检查就容易出错的事项，等等。这份操作手册要简单清晰，让接替你的人一步步照着就能做好。

在斯坦福大学讲授人生设计课的戴夫·伊万斯有过一次

辞职的经历。他花了6个小时，写了一份20多页的工作手册。在递交辞职信的时候，他将这份工作手册一同交给老板。老板看了之后大吃一惊："哇！我以前从没见过这样的东西。这是我见过的最棒的辞职。你应该写一本关于辞职的书，戴夫！"[1]

这就是高智商的辞职。

第三件事情：要巧妙地与上级沟通。

有时候，辞职会变成一件很不愉快的事。你想辞职，上司却不批。你走不了，但又不想留下来，难免会发生冲突。这时候，就需要用到一些人际沟通的技巧。

你需要站在上司的角度，考虑一下他为什么不同意你辞职。大致来说，无非是两种情况。一种情况与你有关，一种情况与他有关。

与你有关，那就说明上司觉得你很能干，用起来得心应手，你的辞职是公司的损失，所以才不放你走。消除上司顾虑的最好办法就是让他相信：你已经做好了手头工作和交接工作，公司的运转不会因为你的离开受到影响；你有其他的兴趣和追求，你想做别的事，这件事情不会和公司形成竞争关系，你不会在辞职之后挖公司的墙角，泄露公司的机密；你以后还会和公司保持紧密的联系，只要公司需要，你还会帮忙。这样才能说服上司，你的辞职对你、对公司来说，是一个双赢的结果。

与你的上司有关，就说明他在意的不是你个人，而是你辞

---

[1] 比尔·博内特，戴夫·伊万斯.设计你的工作和人生.北京：中信出版社，2021.

职这件事。这件事可能会让他感到难堪，没办法跟他的上司交代，他不想背上一个放走人才的黑锅。很多辞职者没有想明白，这才是上司不同意自己辞职的真正原因。离了谁地球都一样转，不要把自己想得太重要。上司更多考虑的是自己的得失。这时候，你就要和他一起想办法，消除他的顾虑。比如，你可以拜托一位和你关系密切，在公司里德高望重的领导帮你说情。这时候，对你的上司来说，同意你辞职就不是一件丢分的事，而是一件加分的事。这等于他给了老同事一个面子。你也可以建议用走流程或者集体决策的方式决定你的辞职申请，这就减轻了上司个人要承担的压力。他可以把责任推给人事部门或决策委员会。他没有后顾之忧，你也就得到了自由。

怎样做一名自由职业者

我跟很多年轻人聊起找工作的事时，他们都会不耐烦地说：换个话题吧，我们最讨厌工作。可是，要是没工作又该怎么养活自己呢？

年轻人可不这么看。他们中有不少人想当自由职业者。有的想当主播，有的想搞自媒体，有的想开民宿，有的想给人看八字。

这是一种新的小趋势。年青一代开始分化，一群人朝东走，一群人朝西走。一群年轻人更图安稳，想方设法要挤进体制内；另一群年轻人图自由，不顾一切要出去自己闯。

但现实是复杂的。其实，有两种自由职业者，一种是被困在系统内的，一种是能漂在江湖上的。

被困在系统内的自由职业者，大多是通过零星地出卖自己的时间来换取金钱收入。他们之所以这么做，在很大程度上是因为稳定的工作越来越少。这类自由职业者包括货车司机、网约车司机、快递小哥等，这类工作被称为"零工经济"。

零工经济刚刚出现的时候，有很多支持者。他们声称，这种灵活就业的形式给劳动者带来了自由：你可以自主地安排时间，不用看领导脸色，还能对自己的生活有掌控感。但事实并非如此。

零工经济之所以越来越流行，其实是因为大企业雇用的劳动力越来越少。在 20 世纪中期，大企业主要是制造业，比如福特汽车，它们会雇用大量的工人，而且当时的雇佣关系较为稳定。当然，这并不是因为资本家好心，而是因为当时的工会力量很强大。

再往后，大企业是沃尔玛。沃尔玛一样雇用了很多工人，但它会想方设法不采用稳定的雇佣制度。比如，它会雇很多季节性的短工。尤其是在圣诞节这样的销售旺季，沃尔玛会大量雇用零工，甚至是退休的老年人。过了销售旺季，就把这些人辞掉。

到了现在，大企业是互联网巨头。有意思的是，跟它们的经济体量相比，互联网企业雇用的员工人数少得可怜。举个例子，爱彼迎在很短的时间内就颠覆了传统的酒店业，但它几乎不用雇用什么正式员工。同样，优步也在很短的时间内就颠覆了传统的出租车行业，但它也不会雇用什么正式员工。谷歌也好，脸书也好，都不需要雇用大量员工。

于是，越来越多的工作被外包出去，或是在平台上分发给所谓的"自由职业者"。这就改变了雇主和劳动者之间的传统关系，原有的"公司+员工"模式，转变成了"平台+零工"的灵活用工模式。平台在用工的供给方和需求方之间进行撮合，降低了信息成本，提高了匹配效率，催生了一系列新兴职业。

零工经济看起来很美，但在灵活用工模式下，用工企业和数字平台之间，数字平台和所谓的"自由职业者"之间均为合作关系，不受劳动法、劳动合同法等法律法规的约束，由此带来了很多问题。

劳动者需要全天候待命，随时提供劳务，受平台和算法的指使，招之即来，挥之即去。工作和休闲时间几乎无法区分。在越来越白炽化的竞争压力下，劳动者的收入不断下滑，甚至比当地的最低工资标准还低。灵活用工模式使得劳动者难以形成稳定、亲密的同事关系，无法更好地团结起来，保护自己的权益。随着年岁见长，劳动者的技能未能提升，收入没有提高，而且缺乏足够的社会保障。

这样的"灵活就业",很快就会像涂在泥胎上的色彩一样褪色,露出惨淡的真面目。

***

确实有越来越多的年轻人不再愿意规规矩矩地去大企业,干一份朝九晚五的工作。他们更热爱自由,愿意冒险,这些年轻人专注于创新,致力于奉献。他们和零工一样,也不隶属于某一家企业或单位,但他们的生存方式却与零工迥异,甚至也不同于传统的自由职业者。他们更像是企业家,只不过他们是为自己打工的企业家。他们建立了一人企业。[①]

为什么一人企业已经成为可能呢?这是因为数字经济降低了准入门槛。原来,要创办一家企业需要张罗很多事情。你需要有人管财务,有人管人事,有人管生产,有人管销售。数字经济时代,分工日益细化,你可以将很多辅助性的工作外包出去,专注于最重要的事:服务好自己的客户。

一人企业需要不一样的技能。在传统的雇佣模式下,人们会期待选好专业,掌握一技之长,然后就能获得一份稳定的工作。但如果你想建立自己的一人企业,就要走一条不一样的道路。

你的核心技能当然是最重要的。比如你想做自媒体,就要

---

① 保罗·贾维斯.一人企业:一个人也能赚钱的商业新模式.北京:电子工业出版社,2020.

苦练自己的写作能力。短视频时代来了,你可能还要苦练摄像、摄影等技能。如果你想做 App,就需要精通编程。如果你想做咨询,就要通读商业经典,融会贯通。如果你想要当健身教练,就要学习如何科学地训练,甚至要学习营养学。

掌握了核心技能,你就能成为一名合格的自由职业者,但还办不成一人企业。想要办一人企业,你还要学会经营。这就涉及如何找准定位、如何设计产品、如何把控质量、如何维护客户关系、如何处理公关危机等。你会发现,你的情商和智商都不够用了。你必须成为终身学习者。也就是说,你必须从专才变成通才,变成一个样样精通、随时调整的瑞士军刀型人才,才能驾驭自己的一人企业,让它变得更坚韧灵活。

一人企业需要不一样的领导力。我们原来对领导力的印象大多是雄心勃勃、咄咄逼人的。一人企业虽小,一般只有一两个人,但和客户沟通、与外界合作,也都需要领导力。只不过一人企业完全可以由一个安静、善于思考、善于内省的人领导。

这是因为一人企业大多要花更多的时间去思考和创作,所以领导者往往比较内向,外表平静,内心有清晰的方向,能够不动声色地把事情办成。一人企业需要不断与客户保持紧密联系。很多客户之所以用一人企业提供的产品和服务,不仅是因为对他们有用,也是因为他们认可一人企业的理念和生活方式。这就要求一人企业有更为强大的共情力,能感知用户的深层需求,把自己的企业变成"加州旅馆":随时可以退房,但永远不能离开。

一人企业的规模较小，所以不可能服务好大众用户。它一定是服务好一个小趋势的。一人企业会放大自己的优点，找出并突出自己最鲜明的特色。一人企业会激励人们追随。分化能带来团结。通过有意识地和不喜欢的事物对立，你可以将认同你立场的消费者转化成你的支持者。一人企业还要安抚那些不喜欢你的人。你要感谢他们，正是因为他们的放弃，你才能有更多的时间和精力服务好真正属于自己的用户。

***

一人企业需要不一样的发展策略。在传统的商业课上，我们被告知，企业的目标就是做大做强。很少有人会停下来想一想，为什么企业非得要做大做强。

当然，在传统的商业世界中，如果企业达不到一定的规模就很难生存下来。必须有大规模生产，成本才能降下来。必须有外部资金的支持，才能迅速战胜竞争对手。但做大做强只是一个手段，活下来、活得好才是企业的目标。

对一人企业来说，不做大反而成了一种优势。规模小，意味着流程简单、规则简单，不再像大企业一样把大量时间用于内耗。规模小，意味着企业更灵活，可以根据用户需求迅速做出调整，更快地实现产品迭代。规模小，意味着与用户的关系更像家人和朋友，更容易培养用户黏性。好的体验会让你的用户成为你的推销员。规模小，意味着不再需要引入资金，也就避免了引入资金之后可能出现的冲突。投资者很可能和经营者想法不一样。更糟糕的是，投资者很可能和最终用户想的不一样。

事实上，一人企业的存在，也给大企业提供了新的启发：增长并不是企业的目标，可持续性才是企业的终极目标。

第六章
新的经济生态系统，能做什么事

电梯是怎么升上去的

想谋事，必须顺势。想谋大事，必须看天下大势。

所以，才会有诸葛亮的隆中对。刘备虚心向诸葛亮问计，诸葛亮在提出争霸天下的策略之前，先是帮刘备分析了历史的运数和各方实力的对比。看清棋局，才能知道自己该怎么布局，下一步棋该怎么走。

我们在前面讲到，一个人再努力，也比不上时代的运气。不过，很多人会忘了这一点。"不识庐山真面目，只缘身在此山中。"他们固执地相信，只要自己足够勤奋、足够聪明，就能成功。

有个笑话说，三位成功人士一起坐电梯。一位在电梯里使劲做俯卧撑，一位蹲马步，一位高抬腿跑。电梯升到了顶楼，他们开始争执，到底是谁的方法让电梯上来了。电梯是上还是下，其实和这三位成功人士在电梯里干了什么，一点关系也没有。

盲目相信个人努力，不去看时运的变迁，容易导致狂妄，狂妄导致固执，固执的人不善于变通。常言道，失败是成功之母。这是一个流传甚广的错误说法。举个例子，你想培养孩子对数学的热爱，该怎么办呢？假如你给一个小学生出一套高等数学的考题，让他考个零分，这是彻底的失败，难道这样一来，就能激发起他学习数学的兴趣，鼓励他成长为一名数学家吗？不可能的。事实上，成功的亲娘是小的成功。只有小的成功才能提高自信心，有了自信心才能做更有抱负的尝试，最终取得成功。但是，反过来说，成功很可能是失败之母。由于过去太顺利了，好像成功都来自个人的天赋，所以，成功人士会固执地相信自己的判断，但他们的自信心有可能就像相信做俯卧撑能让电梯上升一样，是站不住脚的。

相反，谦卑的平凡人有了时代的加持，能做很多超出自己想象的不平凡的事。

在这些年的调研中，我看到了很多平凡人在自己的岗位上做出了不平凡的事情。当我来到他们的身边，问他们在干什么的时候，他们会非常兴奋地告诉我他们正在做的事情。他们热爱自己做的事情，沉浸其中，达到了一种忘我的境界。讲完自己的故事，他们会忽然想起一个问题，不解地问我：你为什么要采访我？我又不是什么成功人士。

为什么平凡的人也能做出不平凡的事？很简单，除了个人的热情、努力和天赋，还有时代的加持。时代的大舞台，能让小人物也有一次当明星的机会。

站在 2023 年的山顶看历史

我们正站在 2023 年的山顶。我邀请你一起，从这里眺望历史。

请你先回头看一看走过来的路。映入眼帘的是一座陡峭险峻的山峰，那就是 2008 年。2008 年是历史的分水岭。在这一年，爆发了全球金融危机，国际政治经济格局从此发生了巨大的变化。

在 2008 年之前，是一条平坦开阔的上山大道，一路风景绝佳。20 世纪 80 年代出现了 IT 革命，改变了国际分工的格局。原来的国际贸易是"产业间的贸易"，也就是发展中国家的劳动力资源丰富，那就生产劳动力密集型的产品，比如裤子和鞋子；发达国家的资本和技术丰富，那就生产资本和技术密集型的产品，比如飞机和机床。发展中国家再用裤子和鞋子，去换人家的飞机和机床。如果国际贸易的格局永远是这样的，那么，实行对外开放的发展中国家很有可能会被锁死在出口初级产品，比如矿石、农产品的陷阱里，或者，可能会变得只能生产廉价的劳动力密集型产品。这些发展中国家会出现"依附的发展",也就是必须依附其他强国。

而 IT 革命出现之后,生产环节可以被拆分,拆分出来的生产环节可以放到生产成本低的发展中国家,于是,国际贸易就变成了"产业内的贸易"。任何一个产业,无论是飞机制造,还是服装鞋帽,一定会有劳动力密集型的生产环节,这些生产环节就可以被放在中国。而中国企业的学习能力又很强,就会从这些生产环节向产业链的两端扩张。于是,中国参与国际分工的机会就变得无穷无尽,才会在很短的时间里变成世界工厂。

2008 年之后,全球经济走下坡路。各国政府都想通过刺激政策恢复经济增长,他们总觉得经济这辆车,只要多给油,就一定能跑得欢,但他们低估了问题的复杂程度。事实上,全球经济这辆车已经到了要大修的时候,无论是发动机、变速器还是大梁,都需要去好好检查一下,该修的修,该换的换。经济繁荣的时候就像涨潮,潮水掩盖了很多社会问题。2008 年全球金融危机过后,经济增长退潮了,就能看出一片狼藉。很多积压已久的问题如火山一样开始喷发。

比如说,收入不平等问题在 20 世纪 70 年代之后就已经开始恶化,但直到 2008 年之后才变成热点问题。这是因为,在经济高速增长时期,升起的潮水能让大船和小船都浮起来,但到了经济增速放缓的时候,没有足够的红利补偿受损者,社会大众的关注点就会从如何把蛋糕做大变成如何分蛋糕。在公平和效率的权衡中,天平更多地向公平原则倾斜,这就会带来很多社会思潮和经济政策的变化。

再比如说，贸易保护主义在 2008 年之后抬头。这是因为，在很多人看来，全球化是精英的全球化，而不是平民的全球化。这种感受在欧美等发达国家表现得尤为突出。贸易扩张的时候，跨国公司获益更多。它们通过外包、离岸生产，向生产成本更低的地方转移制造业，这样就能赚更多的钱。但贸易收缩之后，进口少了，制造业要回流，就会雇用更多的本土工人。另外，各国加大了对移民的限制，劳动力市场上的竞争对手就少了。本地的劳工因此会更支持贸易保护主义和移民限制政策，而且他们狂热地相信，是自己的力量扭转了全球化的历史趋势。这就是民粹主义能够在西方世界沉渣泛起的经济原因。

***

我们再向远处看，能不能再次看到上山的路呢？远处还有可以攀登的更高的经济山峰吗？

从理论上说，全球经济总会有起有伏，能够带来再一次增长高潮的一定是一场新技术革命。从历史经验来看，新技术革命将同时给我们的生产和生活带来深远的影响，因此，它很可能会超越 IT 革命的影响范围，横跨交通、通信、能源等几个重要产业。IT 技术本身也可能会出现革命性的飞跃，并应用于更广泛的场景。人口老龄化、气候变化等全球问题也可能催生出新的重大技术变革。

但是，同样可以从历史经验看出，重大技术革命在整个经济系统中的扩散是缓慢的，技术进步的速度更快，经济、社会适应技术变革的速度更慢，于是，在这样的适应过程中，就会出现持续的经济低迷，甚至可能经历转型时期的震荡和痛苦。

总之，站在 2023 年的山顶，你能够看到，上山的路和下山的路不是一条路。我们将从这里下山，山这一侧的风景和另一侧的风景差别很大，下山途中可能遇到的风险和挑战也会大不相同。

我们过去熟悉的那个时代将一去不复返。国际格局、经济前景和企业管理都和过去有很大的不同。原来的工作制度、职业规划、社会保障，都将面临巨大的挑战。我们遇到的不是天气的变化，不是今天冷，明天就会回暖。我们遇到的也不是季节的变化，不是找个地方猫冬，熬过去，春天就会到来。我们遇到的是气候的变化。随着气候的剧变，整个生态系统都要发生变化。旧的物种会灭绝，新的物种会出现。2023 年是一个新的起点，越来越多的人会思考未来怎么样才会变得更好，未来还有什么事情值得去做。

米切尔之问

从宏观大局和个体微观的角度看，视角和方法都会有所不同。

我的专业领域是宏观经济。我教企业家宏观经济已有 20 多年时间了。在这 20 多年里，我先是告诉企业家，懂不懂宏观无所谓，不懂宏观一样能赚钱。后来，我又提醒企业家，不能只低头拉车，还要学会抬头看路。到了现在，我又会告诉企业家，宏观并不重要，微观才重要。

为什么在不同时期，会有不一样的建议？没有放之四海而皆准的原则，时代变了，你就要跟着变。

刚刚进入 21 世纪的时候，中国经济经历了一轮较长的高速增长时期。这个时期从 2001 年持续到 2008 年。虽然中间也经历了 2003 年 SARS（严重急性呼吸综合征）的冲击，但增长态势始终未改。在这段时期，你只要顺应时代潮流，跟着大部队走，不要掉队就可以。

从 2009 年开始，宏观经济政策的变化对企业的微观经营影响越来越大。财政政策和货币政策到底是宽松还是紧缩，会直接影响到企业的成本和利润。政府出台的很多新的经济政策，不再是放权让利，而是试图矫正原有的市场经济模式中的缺陷。有的时候，政府为了鼓励产业发展，会实行激励性的产业政策。有的时候，政府会对某些产业加强监管，甚至直接进行整顿。节能减排、环境保护这样的政策，也会给企业的微观经营带来很大的影响。懂不懂宏观，能不能看清政策动向，对企业经营很重要。有的企业家缺乏对政策意图、政策周期的了解，踩点踩得不对，就会陷入尴尬被动的局面。

现在，我会告诉你，宏观又变得不重要了，微观才重要。我之所以这么说，是因为如果你只想知道宏观经济形势是好是坏，已经没有必要去问专家了，你自己就能感受到经济的冷暖变化。新冠肺炎疫情肆虐期间，你会有亲身体会，原来车水马龙，现在门可罗雀。当经济活动有所恢复的时候，你也能从交通拥挤和市场繁荣的状况直接感知得到。

大疫三年，众生皆苦。可是，在疫情的冲击下，同样的行业，有些企业还能扛得住，有些企业就垮掉了。到底是什么原因，使得它们有着不同的命运呢？

**

《飘》的作者玛格丽特·米切尔曾有一次跟出版商讲到该书的主题，她说："如果说它有主题的话，那就是生存。是什么使某些人能安全走过灾难，而另一些同样有能力、同样强壮、同样勇敢的人却被击垮？这样的情况在每一次剧变中都会发生。有人生存下来，有人却没有。"

在经济世界里，同样存在这样的现象。我把这称为"米切尔之问"。怎么解释"米切尔之问"呢？

有两种回答。第一种回答是，从宏观来看，这可能是个伪命题。有的企业之所以能够活下来，也许只是因为它们运气好。能够生存下来的未必都是最优秀者，这是"幸存者偏差"，也就是你只能看到生存下来的，看不到已经消失的。

在物种演化的过程中，我们也能看到类似的现象。比如，恐龙的灭绝。有一种说法是，恐龙之所以会灭绝，不是因为它们没有竞争力，而是因为6 600万年前，一颗小行星撞击地球，造成了地震、海啸、森林大火，随后又出现了极度寒冷和极度炎热的气候剧变。要是没有小行星撞击地球，甚至，如果这颗小行星提早半个小时或晚半个小时撞击地球，那就可能会掉进海洋里，造成的冲击就没有那么大，恐龙就未必会灭绝。

同样地，有的企业，甚至是很大的企业轰然倒塌，或是突然转入颓势，可能是因为它们做得不好，但也可能纯粹就是因为运气不好。所以不能说失败者都是无能的，都是咎由自取。在突如其来的外部冲击下，可能根本没有足够的调整时间，能否活下来完全靠运气。当你意识到这个世界已经进入剧烈变动时期之后，就要准备应对各种极端不确定性。能活下来的并不是英雄，而是走运的人。

第二种回答是，从微观的角度来看，这是个策略问题。那些能够经历磨难，依然发展良好的企业或个人，都是因为懂得改变生存策略。虽然说，能不能活下来，可能靠的是运气，但活得好不好，就要靠自己了。

***

我们再从物种的演变中选择一个案例。其实，恐龙并没有真正灭绝。有一支恐龙活了下来，那就是现在的鸟类。鸟类为什么能够生存下来呢？当然是因为运气好，它们个头小，繁殖速度快，就能躲过一劫，但别忘了，在鸟类之间也存在着激烈的生存竞争，有的鸟对环境变化的适应能力更强，就能获得更多的生存机会。

比如，麻雀。

对鸟类来说，最大的威胁就是人类。自负的人类在地球上建造城市、修筑公路、开垦农田、砍伐山林。鸟类的栖息地遭到破坏，它们的觅食、迁徙和繁殖都受到影响。

小小的麻雀，居然不怕人，迎难而上。人类的地盘扩大了，它就到人类的地盘上去。麻雀是少有的可以真正使用城市资源的物种。这是一件多么不容易的事情啊。它们必须忍受城市的噪声、每天24小时不灭的亮光，躲开来往的车水马龙，躲开心怀不轨的人。

为了生存，麻雀必须学会冒险和创新。野外的鸟是在树上筑巢，但麻雀到了城市里，会在烟囱、通风口、排水沟这样的地方筑巢。麻雀还会用一些很奇特的材料筑巢。比如，麻雀的巢里会有烟蒂，因为烟蒂里含有大量的尼古丁，是有效的驱虫剂。在野外，麻雀吃的是植物的种子和各种虫子；到了城市，它们会到垃圾里寻找人类吃剩的食物。甚至有麻雀知道去酒店阳台上偷吃游客的早餐，找到窍门打开"自助餐厅"的大门。

适应能力强的鸟类演化出新物种的速度也会更快。新的行为会形成新的特色，新的特色又会形成新的物种。这么说来，未来的鸟类可能有很多是麻雀的后代。

如果想要在新的经济生态系统中生存和发展,就要向麻雀学习。这就是"麻雀策略","麻雀策略"的实质是:如果生存环境变了,那就根据变化之后的资源条件,创造性地加以利用,为自己赢得更多的生存机会。

在慢变量中寻找小趋势

想要运用"麻雀策略",我们要学会敏锐地洞察外部环境的变化,并善于从中找到新资源和新机会。

作为一个普通人,又该如何从宏观的角度把握经济生态系统的变化呢?

我向你介绍这些年来我做调研的一个方法论,那就是在慢变量中寻找小趋势。

这个方法论有两个关键词,一个是慢变量,一个是小趋势。

***

先来解释一下什么是小趋势。小趋势指的是在中国一小部分人群中发生的变化。如果说,在中国的人口中有1%的人发生了变化,那14亿人的1%就是1 400万人。如果你有1 400万个用户,就能成为一家成功的企业。就算只有1‰的人发生了变化，那也有 140 万人。有 140 万粉丝，你就可以自豪地声称自己是互联网上的大 V（具有官方认证、活跃度较高且粉丝数量较多的用户）了。

在经济生态系统发生剧烈变化的时候，了解小趋势对微观个体来说更有价值。

这首先是因为宏大叙事的时代已经结束。过去，我们熟悉的都是宏大叙事。在 20 世纪 80 年代流行的宏大叙事是改革。虽然当时并不是所有的改革都成功，农村的改革很成功，但城市里的国有企业改革并未取得预期的成功，但是没有关系，只要说到改革，大家就都充满信心。在 20 世纪 90 年代流行的宏观叙事是开放。其实，并不是所有的地区都从对外开放中获益。沿海地区发展速度很快，但内陆地区相对衰落。内陆的很多人才和资源都流到了东南沿海地区。但是，没有关系，只要你说开放，大家就非常振奋。但到了现在，很多改革的成本可能会比收益更大。中国虽然希望坚持对外开放，但外部的形势比原来更为严峻。我们想对外开放，别人却不让我们对外开放。

需要关注小趋势的第二个原因是互联网的崛起。我们原本以为，有了互联网就可以更直接、全面地了解各种各样的信息，但互联网出现之后，尤其是新一代社交媒体出现之后，人们在网上更容易陷入信息茧房。有同样价值观的人聚集在一起，他们彼此分享的信息有高度的同质性。你关注的，你的朋友也关注。久而久之，人们就会失去对与自己不同的人群的感悟能力。但真实的世界并不是我们在互联网上看到的世界。在一个人的朋友圈里刷屏的文章，在另外一个人的朋友圈里可能根本就没有出现过。想要了解真实的世界，就要走出互联网，来到社会中，去看那些原本不熟悉的人群中正在发生的变化。看起来和你没有联系的人群中正在出现的小趋势，会以某种直接或间接的方式影响到你。

需要关注小趋势的第三个原因是年青一代的崛起。年轻人和上一代不一样，他们流行的是圈地自萌、圈地自嗨。不同的年轻人有不同的爱好，有的喜欢二次元，有的喜欢汉服；有的喜欢宅在家里，有的喜欢周游世界；有的喜欢重金属，有的喜欢民谣。想要了解年轻人，就必须了解他们当中出现的各种小趋势。

了解了小趋势，你可能更容易找到值得做的事。举个例子，假设你要去卖水果，面临着两种选择。一个选择是卖苹果，一个选择是卖榴梿。你会如何选择？苹果就是大市场，好处是需求量很大，坏处是竞争对手很多，很难做出自己的品牌，用户的忠诚度并没有那么高。榴梿是一个非常小众的市场，喜欢的人非常喜欢，讨厌的人讨厌得不得了。但恰恰由于它是一个小众市场，用户对产品的黏性才更高，因为好不容易找到了一群和自己志同道合的人。这群人能够聚集在一起，是由于互联网的聚合效应。相比而言，小趋势更容易做出品牌，更容易培育市场。

***

但你可能会说，中国这么复杂，有各种各样的小趋势，它们彼此之间差异很大，甚至方向都是相反的。就拿教育来说吧，有顺义妈妈，一心想让孩子出国读藤校；也有衡水中学，相信高考才是改变命运的最公平手段；也有在北京、深圳、成都、大理的一些做教育创新的小学校，注重的是孩子的身心健康。哪一种小趋势才真正代表未来的发展方向呢？

这时候，你需要借助一个参考系。这个参考系就是慢变量。

什么是慢变量？慢变量是与快变量相对而言的。我们日常接触的信息，比如互联网上的新闻，就是快变量。快变量当然很重要，但是影响历史长期趋势的很可能不是快变量，而是慢变量。

举个例子，假如你在海边，看到海上有波浪。那么，为什么海上有波浪呢？如果你信奉快变量，就会说，因为天气预报说今天海上会刮风，无风不起浪。风就是影响海上有波浪的快变量。但是，决定海上有波浪的真正原因是有太阳和月亮，所以才有了潮汐现象。太阳和月亮离我们很远，看起来跟我们没有什么直接的联系，它们并不会时刻发生剧烈的变化，你很少看到有关于太阳和月亮的新闻报道。但是，海上有波浪的真正原因是太阳和月亮，它们就是慢变量。如果你不了解慢变量，就无法理解潮汐现象。如果你是艾森豪威尔，就无法根据潮汐的规律，找出诺曼底登陆的最佳时点。如果我们不理解潮汐现象，也无法学会利用海浪发电。

＊＊＊

那么，影响中国经济的慢变量是什么呢？说出来都是你非常熟悉的。在过去 40 多年，影响中国经济发展的最主要的变量，无非就是工业化、城市化、技术创新和人口变化。你可能会说，这些原因我早就知道。是的，你肯定知道。但人们常常会低估自己熟悉的事物的力量。

如果跟踪中国制造业的发展，我们就会发现，制造业每天都在静悄悄地发生变革。很多传统意义上的劳动力密集型产业，如今在工厂里很少看得见工人，反倒是机器人越来越常见了。如果关心城市化，我们就会发现，现在的城市发展跟原来相比已经出现了很多新的变化。鄂尔多斯早已不是鬼城，西海固也不再是传说中的赤贫之地。如果观察技术创新，我们就会发现中国有广阔的技术创新应用场景。无人机不仅可以用来航拍，而且可以用来给棉田撒药，甚至可以绕着柑橘树杀虫。如果分析人口变化，我们就会看到，无论是中国人的婚姻还是生育，都在变得更加多元化。传统的一对夫妻一个孩子的核心家庭依然很多，但单人家庭、丁克家庭、单亲家庭、多孩大家庭也开始出现了。

沿着慢变量寻找小趋势，就不容易迷失方向。中国经济好比一棵大树，我们要去观察这棵大树，可以顺着树干，再去看每一个树枝的顶端，因为那里才是植物的生长点。我们会看到，新的嫩芽长出来了，或者，原本翠绿的树叶不知为何变得枯黄了。这些就是小趋势。当我们观察这些小趋势的时候，其实关注的不是小趋势本身，而是想从这些小趋势倒推出中国经济这棵大树到底怎么样了，是不是还生机勃勃。

沿着慢变量去寻找小趋势。掌握了这个方法论，你就更容易在经济生态系统发生变化之后，找到新资源和新机会。接下来，我会和你分享我看到的一些新的红利。在这些新的红利中，更容易找到值得做的事。

补链者红利

如果你想在制造业领域找到值得做的事，就要关注补链者红利。补链者红利说的是，只要你在重要产业的关键生产环节做出了本土创新，能填补空白，能帮助修补中国在产业链上的薄弱环节，你的存在就增加了中国企业的安全感、中国经济的安全感，你就有生存下来的机会。

这意味着商业逻辑发生了重大的改变。原来的商业逻辑是效率至上原则，现在的商业逻辑是效率与安全并重原则。

全球化时代的商业逻辑是效率至上原则，也就是说，你必须在全球范围内和同一行业的所有企业竞争，这里面不乏已经占据先行优势和规模优势的跨国公司。过去，中国的企业不是不愿意做本土创新，但很多做本土创新的企业最后都悲壮地失败了，因为很难对抗外国的竞争对手。

这是一场不平等的竞赛。在中国企业开始做研发的时候，可能就已经引起了外国竞争对手的警觉。在中国企业的研发进程到差不多一半时，外国企业就可能开始降价促销。在中国企业的研发快要完成，准备把产品投放市场时，外国企业就会开始大幅降价。在这种情况下，中国企业的产品质量很可能不如外国企业的产品，价格更高，又是国产品牌，当然无法抵挡外国企业的攻势。它之前投入的研发资金就泡汤了。就算中国企业经历了这些严峻的考验，依然能够生存下来，跨国公司还会想办法。它会通过恶意收购，把刚刚冒出嫩芽的中国本土创新企业买下来，然后雪藏，这些本土品牌就悄悄消失了。

这是全球化时期的游戏规则，这时候的规则是经济逻辑占优、政治逻辑跟从。《纽约时报》的专栏作家托马斯·弗里德曼在《世界是平的》一书中提出了"戴尔的冲突防范理论"。他认为，全球供应链上的任何两个国家之间绝不会发生战争。因为一打起仗来，大家都会受到损失。大家都在一条全球供应链上拴着。[1]

从中美贸易摩擦、俄乌冲突到台海危机，一系列地缘政治风险都证明，政治逻辑其实总是高于经济逻辑的。由于遇到了

---

[1] 托马斯·弗里德曼. 世界是平的. 长沙：湖南科技出版社，2008.

各种各样的不确定性,各国的企业都对供应链安全变得更为重视。在全球化黄金时代,商业世界遵循的是效率至上原则,企业会在全球范围内寻找合作伙伴。以华为为例,当它发现在某个零部件的生产厂商中德国企业做得最好,就会选择这家德国企业做自己的供应商;如果在另一个零部件的生产厂商中日本企业做得最好,就会选择这家日本企业做自己的供应商。换言之,华为过去只和"世界冠军"打交道。但在外部风险不断加大的情况下,华为必须考虑"备胎",也就是说,当第一家供应商断供之后,还能从第二家供应商那里拿到货。这就意味着,企业在考虑战略布局的时候,越来越多地会考虑效率与安全并重原则。

这就给中国的自主研发企业提供了机会。还是中国企业,产品质量可能还是不如国外的竞争对手,价格也更高,暂时无法做到世界冠军,但中国企业能做出来和做不出来,差别很大。只要能做出来,哪怕不是最好的,但有助于提高中国的经济安全,使得中国企业在全球供应链上的地位得到加强,那么,它就有资格留在这个市场上。未来,在制造业领域,中国将会出现一批扎根国内市场的本土创新企业。

***

我在调研中看到一个小趋势:制造业的春天来了。过去,很多做制造业的企业家总觉得赚钱太难了:劳动力成本上升、原材料价格上涨、环保压力越来越大、竞争对手太多,利润变得像纸片一样薄。像互联网、房地产、金融企业,可以借助资本的力量,快速地跑马圈地,实现财富暴增,制造业企业却一直在刀尖上跳舞,艰难地求生。然而,风水轮流转,现在又到了制造业的春天。产品不断迭代,比如,电动汽车替代燃油汽车的基本趋势已定。政府为制造业提供了各种财政、税收、信贷等优惠政策。那些熬下来的制造业企业突然发现,原来的竞争对手有很多都被淘汰了,而自己的竞争力不知不觉有了长足的提升。

其中暗含着一个历史规律,就是意大利学者乔万尼·阿里吉在《漫长的20世纪》这本书里面讲到的规律:实业资本和金融资本会出现交替的扩张循环。

这个过程大概是这样的:资本一开始会涌入实体经济,开工办厂会有高额的利润。但是,随着竞争越来越激烈,赚钱越来越难,资本就要找新出路,会从实体经济涌向金融领域。金融资本的赚钱速度更快更猛,但是金融终究不能脱离实业。金融太强,实业太弱,就有泡沫。泡沫破灭,就是金融危机。危机之后,剩下的资本更加小心,重新寻找下一个投资实业的机会。[1]

美国的兴起,一开始就是依靠实业。两次世界大战,美国大发战争财,美国制造业的巨大潜力,就是被雪片一样飞来的

---

[1] 乔万尼·阿里吉.漫长的20世纪.北京:社会科学文献出版社,2022.

战时订单激发出来的。汽车、火车、轮船等的生产供应，是一轮快速的实业资本扩张。二战之后，欧洲、日本快速发展，美国制造业利润下降，从20世纪80年代开始，资本转向金融和信息技术领域，经济一开始又出现了繁荣迹象，但金融资本的疯狂扩张，最后也造成了2008年的金融危机。

中国自改革开放以来，最早也是实业兴盛，很多人都自己开工厂。自己做生意是光荣的，也是赚钱的。但是，当竞争加剧之后，每个赛道都人满为患，大家都在抱怨赚不到钱。那钱跑到哪里了？就是跑到了金融资本扩张的三大新兴产业：房地产、金融、互联网。如今，这三大产业都在慢慢调整、调控。资本也会慢慢从金融业回到实业。新一轮的实业资本扩张已经开始了。

***

对于制造业企业来说，这就是新的机会。制造业企业想像互联网企业那样，在很短的时间内一夜暴富，成为独角兽，是很难的事情。但如果脚踏实地，把根扎进土壤，成为"专精特新"和"小巨人"，做本行业的"隐形冠军"的机会会越来越多。

对于个人来讲，这也是新的机会。过去，IT工程师纷纷扎堆互联网大厂，但互联网大厂都在忙着裁员。而像比亚迪、宁德时代、三一重工这样的制造业企业，却在踊跃招聘IT人才。智能制造会给喜欢动手创新的年轻人提供新的舞台。不仅是工程师，就连工人的就业也在随之变化。我曾经去过一家纺织企业做调研，他们告诉我，原来纺织厂里靠的是人工，所以大量雇用的是细心手巧的女工；而现在，很多生产环节都用上了计算机、机械手，男孩对这些东西更入迷。于是，一个意想不到的现象出现了：纺织厂现在招的男孩比女孩多。

对所有想要找到有意义、有价值的事情去做的个人来说，这意味着有了相对更为确定的事业方向。你可以沉下心来去研究自己熟悉的行业，将其产业链仔细梳理一遍，看看哪些是关键技术或是关键生产环节。如果关键技术和关键生产环节存在着短板和瓶颈，可能会被卡脖子，这些领域就很可能有更稳定而宽广的发展空间。在未来的经济舞台上，能够大显身手的是一个身怀绝技、武艺高强的"补链者"联盟。任何一片乌云都有可能被太阳染上一道金边。这可能就是全球化退潮带来的意想不到的机遇。

腾挪红利

如果你在犹豫，到底是留在一线城市，还是回到老家的二三线城市，就需要关注腾挪红利。腾挪红利说的是：中心城市和边缘城市的互动在增加，好的策略不是二选一，而是都选，并积极地建立中心和边缘之间的连接，从而获得更大的腾挪空间。

过去，在城市化高速发展时期，大城市是有志青年的唯一选择。大城市能够提供更多的机会，更潮的都市生活。大城市里有各种各样的人群，他们的观点互相碰撞，更容易激发出创新的火花。尤其是，中国的城市化是和全球化进程并驾齐驱的，发展最快的是长三角和珠三角，它们都是借助了中国的对外开放政策，搭上了通向全球市场的列车，所以发展速度更快。上海的周围有苏州、杭州、宁波、南京。广州和深圳的周围有珠海、佛山、东莞、汕头。两个中国经济的重要板块，自成一套经济生态系统。经济腾飞的沿海城市，要人有人、要钱有钱、观念先进、管理高效，于是，它们就能吸引更多的人才和资金。

然而，不经意间，一个新的变化悄然出现。一线城市当然还是很有生命力。城市的价值就是充分发挥集聚效应、规模效应，在这一点上，大城市是无法被替代的。但是，在过去十多年，中国发展机会最多的城市并不是北上广，而是一线内陆城市，甚至是小县城。

一批内陆城市再度焕发生机。这个重新崛起的时间与全球化的退潮恰好重合。在2008年前后，一批内陆省会城市的面貌有了极大改善，越来越有活力。成都已经变成了一座几乎比上海还要时尚的城市。郑州野心勃勃地想成为长江以北第二大城市。合肥居然敢硬碰硬，从上海、杭州这样的城市争抢高科技企业。贵阳变成了中国的大数据中心。银川变成了中国互联网医疗的先行区。

与此同时，你会看到，在更偏僻的县城，也在发生一场静悄悄的革命。曾经搞得轰轰烈烈的特色小镇，没过几年基本上消失殆尽了。自发成长起来的是无特色小镇。每一个县城都像是从一个模子里浇铸出来的，住宅小区拔地而起。城市的中心是商业综合体。培训班、健身房、旅行社、咖啡馆，城里有的，这里都有。医院、学校、剧场、公园，这些公共服务和公共设施也都集中在县城里。哪里有公共服务和公共设施，哪里就有人。县城经济崛起的变化与农村人口流动的新趋势相对应。大批农民离开了农村，但和过去不一样，他们没有去远方，而是搬到了镇上、县里。

所以，这就出现了一个新的变化。过去，一线城市碾压二线城市，二线城市碾压三线城市，三线城市碾压小县城。但如今城市之间的竞争已经在悄然改变。大城市未必最有吸引力，一批内陆省会城市在崛起，甚至很多小城市、小县城也焕发出勃勃生机。

哪怕是在偏远的小县城，也能找到喜欢做、值得做的事，过一种有滋有味的生活。

＊＊

2021年，我去了宁夏西吉。这是西海固地区的一个县。西海固过去是中国极为贫穷的地方之一，曾经被联合国列为最不适合人类生存的地方。我在西吉遇到了一对小夫妻。女孩有个爱好，喜欢养多肉植物。这个女孩先是在自家阳台上种，很快，阳台就种不下了。她又到楼顶上去种，很快，楼顶上也种不下了。最后，夫妻俩一商量，索性搞了几个大棚，痛痛快快地种多肉植物。新冠肺炎疫情防控期间，女孩的直播火了，好多人跟她订货。卖得贵的多肉植物，有几百元一盆的，还有几千元一盆的。原来家里是老公承包工程养家，后来发现做工程不如种多肉植物赚钱，他们就这么创业了。她还专门留了一个大棚，养的多肉植物最惊艳。这个大棚里的多肉植物是不卖的，是她自己养着玩的。玩着就把钱赚了，这不是好多城里打工的年轻人梦寐以求的生活方式吗？

为什么西吉的小夫妻能回乡创业呢？这就是利用腾挪红利的结果。如果没有建立中心和边缘之间的连接，那么，单靠本地的市场，这对小夫妻是无法创业的。西吉当地没有几个人爱养多肉植物，她在西吉也无法进货。正是由于建立了和外界的联系，西吉女孩才能从很远的地方进货。比较珍贵的品种是从云南进货，比较便宜的品种是从山东进货。她又是卖给谁呢？她的买家来自五湖四海，尤其是一些来自沿海地区和一线城市的人。

正是因为在我们身边出现的变化，比如互联网使信息流通更加便捷，基础设施建设带来了物流的繁荣，小城市的生活条件和收入水平有了明显提升，所以，边缘和中心才形成了某种程度的平等关系。大城市的便利，小城市也都有了；小城市的自由，大城市未必能享受到。

***

这就能给年青一代的人生选择提供了更多的可能性。在人生的某一个阶段，年轻人应该去趟大城市。大城市是每一个有志青年都要去打卡的地方。你不需要把大城市当作自己的终点和归宿，但要把它当作自己的平台。大城市有一个特点，它能够提供超越个人努力的更多的机会，你能见到更大的世面，遇见更有趣的人，接受更新潮的思想。

既然大城市有这些优势，那为什么不建议所有的年轻人都留在大城市呢？因为，大城市还有另一个特点：它们会无情地绞杀很多才华和梦想。这里的竞争太激烈了，很难给每一个人提供足够多的关注。这就好比职场的发展，如果只去小企业，你永远无法了解到行业的前沿，但一直待在大企业，你可能永远也得不到独当一面的机会。从大企业开始职业生涯，再到小企业提升自我，最终强大到自己创业，或是跳到大企业的更高职级，这是一条迂回的成才之路。同样的道理，以后，先到大城市见世面，再到中小城市找机会，最终实现在大城市和小地方之间任意切换的"城市自由"，可能是更多年轻人选择的人生道路。

也有年轻朋友选择一直留在大城市。经常有年轻朋友问我：你觉得我们一线城市的青年该做什么？这又是一个错误的提问方式。身在一线城市，并不代表你的舞台就在一线城市。你的舞台是全中国，甚至是全球市场。如果只把舞台想象成自己所在的那座城市，你会既失去整个中国，又失去你的城市。如果想做得更好，那你就应该在人生的某个阶段，去了解一下边缘地区。你未必能完全深入地了解异乡人的生活。你只是一个匆匆的过客。但是，去过和没去过，看过和没看过，会有本质的差别。

掌握了腾挪红利，学会把边缘和中心连接起来，自由切换，这样才能做到游刃有余，才能锻炼自己感知基层中国的能力。未来的中国，最稀缺的才能就是理解真实中国、基层中国的能力。

要是你想从政，那么有基层工作的经历会是你最大的优势。能够了解民情民意，知道怎么跟百姓打交道，才能找到最适合中国国情的治理之道。

要是你想做学问，那更要记住，真实的中国不在教科书和学术论文里，而是在现场上、在情境中、在关系里。你要深化这种关系，变成群众眼里的"自己人"，才能真正读懂中国。

要是你想经商，也要到中国各地，尤其是看似偏僻的小城市走走。理解了这个真实的中国、基层的中国，你才能找到服务好亿万群众的商业模式。

生活家红利

如果你想在服务业里找到值得做的事，就要关注生活家红利。生活家红利说的是：中国人对美好生活的向往越来越强烈，但是我们遇到的一个现实矛盾是，人们想过上美好生活和不知道什么是美好生活之间的矛盾。要解决这个矛盾，最好的办法就是让一部分人先会玩起来，让先会玩的人带动更多的人，大家一起开心地去玩，去创造中国人的美好生活。这就意味着，如果你有新的生活美学主张，你就是美好生活的先驱、人民群众中的生活家，就有可能找到新的机会。

这和收入水平的提高有关。我们原来经历过物资极度匮乏的生活，后来，随着收入水平的提高，中国解决了温饱问题。收入水平继续提高，中国又进入了小康社会。收入水平进一步提高，中国又会从小康社会进入中高收入社会。于是，我们就会对美好生活有更高的要求。

但是，上一代中国人只知道如何赚钱、如何努力工作，并不知道怎样才能过上美好生活。想要过上美好生活，并不是说有钱就行。美好生活是一种技能，它需要学习，需要不断去磨炼，在很多时候，也需要和其他人共同协作，才能够创造出美好生活。旅游的时候，当你看到身边的美景，一定想要留下一张难忘的照片，但怎样才能拍出好看的照片呢？这就需要学习摄影技能。吃饭穿衣早已不再是个问题，但怎样才能吃得健康、吃得精致，这就需要掌握烹饪技能；怎样才能穿着得体，善于搭配，这就需要学习着装技能。夫妻之间、亲子之间，虽然都是亲人，但日常生活中时常磕磕碰碰，这是因为我们过去不重视沟通和交流技能。想要过上更美好的生活，处处都需要技能，而这恰恰是我们过去最为稀缺的。

这和年青一代的崛起有关。一代人有一代人的经历，一代人有一代人的观念。上一代人是在低收入时期成长起来的，他们是"物质一代"。年青一代是在高收入时期成长起来的，他们是"精神一代"。"物质一代"更接受物质价值观，它强调的是经济增长、物价稳定、维持秩序等满足人们最基本生活需要的内容。"精神一代"更接受后物质价值观，它强调的是实现自我价值、自我表达、生态环境等。价值观的形成更多受到小时候生活经历的影响，而且一旦形成就难以改变。一个社会的价值观改变，往往是因为在老一代人与年青一代人之间发生了转换。

这会让人们改正长期以来的一个偏见。过去，人们总是觉得工作就是工作，生活就是生活。生活是在工作之余的，是做完劳累的工作后才能获得的些微奖赏。其实，生活是包容一切的，生活本身就是目的。每个人都有对美好生活的向往，每个人要按照自己的方式去追求美好生活，并和别人分享经验和感受，美好生活的浓度才会提高。

***

这样的机会越来越多。举两个具体的例子。

2022年，一位年轻的家居设计师逯薇出了一本新书，叫《小家大变局》。这本书卖得特别好，上市不到两个月，发行量达10万册。这说明，有很多人开始关注自己的家，想花心思住得更有情调。

但逯薇说，以前不是这样的。之前家居设计师都依附于房地产商。她曾经是万科集团广深区域的副总设计师，她画过的户型图在全国一建就是上万套，甚至几十万套。但买房的人并不在意，他们在意的是房价。现在房住不炒了，大家才更重视住得舒服了。现在越来越多家庭更加关注自己的需求，家居设计师开始更多地为家庭服务，而不是为房地产商服务了。很多家居设计师都有了自己的工作室，订单也越来越多。

再比如说，鲜花市场。仔细观察就会发现，花店都和以前不一样了。以前大家只有情人节，或者去看望病人的时候才买花。买花都是为了别人。但现在，更多人买花是为了愉悦自己。起床看见鲜花，元气满满；回家看见鲜花，得到抚慰。2020年，中国鲜切花的市场规模大概是1 100亿元，而且增长速度很快。预计到2025年，鲜切花的市场规模可以达到2 300亿元。送鲜花给自己的年轻人，正在支撑起一个上千亿元的产业。

当工作凌驾于生活之上时，人们的学习、规划和时间分配都是以工作为中心的。当我们换一个思路，才会发现，所有的努力都应该紧密围绕着生活本身。在现有的工作制度下，没有工作的人很难过上美好生活。当我们换了思路之后，找事和做事的意义才能凸显出来。闲暇的价值会大幅度提高。善于利用闲暇时光将成为未来人们的核心竞争力。

未来属于所有渴望过上美好生活、用心去过美好生活，又能把美好生活推向更高境界的人。他们是"生活家"。未来有待挖掘的巨大红利之一就是"生活家红利"。

时空穿越红利

如果你想要出海，到全球市场上做生意，就要关注时空穿越红利。时空穿越红利说的是：中国有一种独特的先行优势，我们在一代人的时间内实现了从落后国家到中高收入国家的跨越，也就是说，中国人既知道什么叫贫穷，又知道什么是富裕，这是一种独特的宝贵经验。

咱们来做个思想试验。假如真的有一台时光旅行机器，把你带回20世纪80年代的中国，你会做些什么呢？

那你可要发大财了，因为到处都是赚钱的机会。一开始，你可以先从小的做起，开个手工作坊，炒瓜子也好，做玩具也好，做鞋子也好，都不愁卖。积累了实力后，你的选择就更多了。你可以继续做日用消费品，做出自己的品牌，也可以专心开拓海外市场，把货卖到世界各地。到了20世纪90年代，路就越走越宽了，你可以进军房地产，也可以尝试做互联网，可以开餐馆，也可以开超市。不做实业也没关系，你可以买房，也可以买股票。一个机会接着一个机会，都会向你敞开。

不过，问题来了，20世纪80年代有这么多的机会，那为什么当时很少有外资来中国呢？外资大举进入中国是在20世纪90年代之后。其实，它们来过，但看不懂，就又回去了。它们原以为能把东西卖给中国人，来了才发现中国人太穷，根本买不起进口货。它们当时看到的中国还是破破烂烂的，没有像样的基础设施。它们当时看到的中国工人懒得不得了。是的，那个时候中国工人还没有以勤劳、守纪律而闻名。工人大多是吃大锅饭时代的国有企业职工，干多干少一个样，所以能少干就少干。

回头去看，我们就能明白，这些欧美企业其实并不真正了解经济发展到底靠什么。我们从自己的经验知道，经济增长并不需要等到所有制度都完善、所有基础设施都建成、所有资金都到位之后才能启动。经济增长就是摸着石头过河；就是不管黑猫白猫，抓住老鼠就是好猫；就是要想富，先修路；就是以经济建设为中心。

你可能觉得，这不是理所当然的吗？可是，没有这种亲身经历，你很可能就会看走眼。有了这样的经历，你才能发现，其实世界上还有很多地方很像20世纪80年代的中国。比如说，非洲有个国家卢旺达。说起这个国家，很多人的印象还是电影《卢旺达大饭店》里讲到的大屠杀。那已经是30多年前的事情了。1994年4月7日到6月中旬，卢旺达爆发了一场血腥的大屠杀，胡图族对图西族大开杀戒，约百万人死于这场屠杀。可如今，卢旺达已成为非洲，甚至全球经济增长速度最快的国家之一。对于欧美人来说，这种变化不可思议，但中国人看得明白啊。我们知道，一个国家经历了社会动荡，人心思变，如果领导者顺应民心，维持政局稳定，那么压抑已久的经济就会出现井喷式增长。

***

有一个中国小伙子，叫李发行，他在非洲闯荡多年，生意做得很不错。他的感受是，在非洲做生意就像穿越历史，回到20世纪80年代的中国。

李发行在非洲卖的东西很能勾起我们对那时的回忆。他卖的是蚊香。非洲蚊虫多，所以蚊香是刚性需求。李发行的蚊香品牌在安哥拉创建，靠着一支不到50人的团队，占有当地将近40%的市场份额，一年营业收入超过1亿元人民币。后来，他的蚊香还卖到了塞拉利昂、肯尼亚等多个非洲国家。

他是怎么把自己的蚊香品牌做起来的呢？说起来你可能不信，他用的是一招在中国人看来土得不行的老办法，那就是送货上门。中国早已进入电商时代，但非洲国家还要靠线下的流通渠道，超市在那边刚刚流行起来，发展速度很快。可是当地的生意人毕竟没有经验。本地的经销商看到这种快速增长的需求，居然按兵不动，坐在家里等着别人来拿货。李发行马上搞起了送货上门服务。别的经销商一看，才如梦初醒。大家都说，这个好，这个好，然后纷纷仿效。结果，原本冷清的道路一度被送货的车辆塞满了。

在李发行看来，到非洲卖东西简直是太好做了。就说他卖的蚊香吧，生产蚊香难不难呢？不难，在国内随便找一家乡镇企业，都能生产出来。那把蚊香从中国运到非洲难不难呢？也不难，现在有很多海运物流企业可以做这件事情。要说难，那可能就难在创建自己的品牌上。你得熟悉当地市场，摸清当地渠道，还得有自己的团队。当然，李发行自己是做成功了，所以在他看来，这个也不算有多难。按照他的说法，在非洲做日用消费品，组建一个 10 人团队，给每个人支付 50 万元人民币的年薪，两年就能拿下一个国家，砸几千万元就能垄断一个消费品赛道。

这听起来就像是掉在地上的 100 元钞票，弯个腰就能捡起来。这样的好事可不是白白送来的，之所以有这样的好事，其实是因为中国企业出海有个得天独厚的优势，那就是先行优势。你可以像坐着时光旅行机器一样，穿越到过去。

想要发挥这种先行优势，就要以空间换时间，去世界各地寻找那些很像20世纪80年代中国的地方，用我们积累的经验，帮助它们更快地发展，它们发展起来了，我们的钱就赚到了。

***

那是不是只能像李发行一样，漂洋过海，到最偏远的地方，才能享受到时空穿越红利呢？如果工厂在国内，工人也在国内，舍不得国内的家业，又想把货卖到全球市场，那该怎么办呢？

也有机会。这两年，跨境电商的发展速度非常快。这里面有疫情的原因，因为欧美国家为了刺激经济增长给居民发钱，居民就会增加消费。原来线上购物在欧美并不怎么流行，受到疫情的影响，大家出不了门，那就在家下单吧，于是，跨境电商的机会就来了。最初，跨境电商的发展就是野蛮生长。野蛮生长了一段时间之后，就要调整。有些做跨境电商的朋友就有些迷茫了。但对优秀的企业来说，调整反而是一件好事。经过一轮淘汰，跨境电商还会再度火起来。调整完之后，那些真正有竞争力的企业和品牌才会做起来。

我们从电商平台到网络直播，创新的方式层出不穷，摸索出了一套打法，而其他市场才刚刚起步。放眼未来，中国的跨境电商会很快扩散到国外，尤其是东南亚和美国。

那么，怎么在跨境电商里找到自己的机会呢？2022年，我去拜访阿里国际站，了解到不少有意思的案例，选择几个跟你分享。我发现，在跨境电商发展的背后，能看到中国企业在细分市场的品牌逐渐兴起。

跟你分享两个小窍门吧。第一个小窍门是，把一个行业分得越细，越容易找到机会。

举个例子。一个"90后"的创业者叫郑思华，专门做一个细分品类市场的产品：美容院里用的睫毛胶。这是个很小众的产品，关注的人不多。这个产品有个痛点，一直没有被解决。

睫毛胶是干什么的呢？在粘假睫毛之前，要用胶水涂在假睫毛上，才能粘住。很多睫毛胶为了增强黏性，会添加很多化学物质，这会对皮肤造成一定的伤害。郑思华敏锐地察觉到，消费者越来越关心环保、关心胶水可能对皮肤带来的伤害，于是，她的产品主打环保、亲肤，一下子就成了这个细分市场里的高端产品，在这个细分品类里销量稳居第一。所以，不要小瞧小众市场。小众市场往往有外贸企业大显身手的机会。

第二个小窍门是，要睁大眼睛去洞察海外市场上的需求差异。要善于找不同。

举个例子。柳州有一个连续创业者叫张雷。张雷做的是生产卫生纸的造纸设备。他的设备质量很好，很多非洲和南美洲国家的客商都来看，但看完了却不买。为什么呢？张雷就去做调研，最后，他找到了问题所在。

在中国买卷纸的是普通的消费者，一提12卷，消费者会买回去放在家里备用，但在非洲国家，一提 48 卷。这 48 卷可不是零售的，而是用来批发的，买这一提卷纸的是小贩，他们进货之后再拆开，一卷一卷地零售。张雷的造纸设备之所以不好卖，就是卡在了这里。他的设备只能做一提 12 卷的，而客户要的是能一次装 48 卷的。张雷洞察到这种微妙的需求差异后，马上改进了自己的卷纸包装设备，你要装 48 卷，我就给你装 48 卷。再后来，他又对机器进行了改进，从 4 卷、6 卷，到 48 卷，都能装。发货之前，他会贴心地附上安装图纸，还有教学视频。

全球化是退潮了，但是潮水退去，不正是捡贝壳、抓螃蟹的时候吗？背靠中国制造的强大背景，中国企业正在深耕一个市场或品类，洞察海外买家需求，在细分市场上成长为隐形冠军。

终身学习者红利

补链者红利、腾挪红利、生活家红利、时空穿越红利，所有我们聊过的这些红利都有一个特点：它们不是发给每一个人的，而是只发给特定的人。

这和我们曾经享受过的红利不同。过去，我们享受过的红利，无论是人口红利、改革红利还是全球化红利，都会先带来一波强劲的增长浪潮，勇敢的弄潮儿脱颖而出，在弄潮儿后面的船队最终也会因为水位上涨而被抬高。过去的红利更像是普惠的，如今的红利都是定向发放的。

所有这些红利还有一个特点。它们都要求我们先做好准备，然后才会从我们之中挑选受惠者。能不能领到红利，要看你有没有实力。那么，想要在经济换挡期还能拿到潜在的红利，我们需要具备什么样的实力呢？

你可能会注意到，所有这些红利都只会奖赏给那些不只看当前，还要看长远；不是随大流，而是有自己主见的人。也就是说，你要有大局观。一城一地的得失看不出输赢，对全局的把握、对大势的判断、对节奏的掌控才能彰显出高手的风范。大局观，就是在充满不确定性的时代能够让你获得深度安全感和掌控感的认知能力。这种大局观不是从学校里学到的，而是经过长期修炼才能形成的一种能力。你必须把自己变成一个终身学习者，才能达到大局观的境界。

***

想要成为终身学习者，就必须调整你的学习方法，从学校里的系统化学习调整到生活场景中的碎片化学习。

学校的教育教我们的都是系统的知识，有教材、有教学大纲。到了社会上，真正的学习就不是这种系统教学了，而是碎片化学习。

人类并非只是在学校出现了之后才开始学习的。学校教育的历史很短，但学习的历史很长。随着语言的出现，人们可以相互交流，就开始了互相学习。以狩猎采集为生的原始人天生就是终身学习者。那他们又是怎么学习的呢？他们学到的都是碎片化知识。比如说，一位年轻人跟着老猎人出去打猎。看见地上有野兽的脚印，老猎人会跟年轻人讲解怎么认出这是哪一种野兽。到了埋伏地点，老猎人会教年轻人如何辨别风向，怎么掩盖身体的味道，不让野兽发现。每一次出猎遇到的情况不一样，也会学到不一样的东西。

所以，终身学习者不是按照教科书去学习系统知识，而是在实践中找到对你有用的那一点知识。你是一只雄鹰，地上的知识是一群兔子，你不是养兔的养殖户，要把所有的兔子都逮起来。你要看准哪只兔子好逮，逮到了就要吃掉它的肉。雄鹰不贪多，一次只抓一只兔子，但要保证抓得到，吃得到。

走出校门，你会发现最好的学习方式其实就是回归学习的本质。这是一种以目的为导向的学习。读一本书需要关心的不是作者怎么想，而是自己能学到什么。读一本书不是要把整本书都背下来，哪怕只有一页内容对自己有用，读这本书就算有收获。弱水三千，只取一瓢饮。

想要成为终身学习者，还必须注重把学习和应用更紧密地结合起来。

终身学习者有勇气和胆量跳出小圈子，去了解其他人的生活。试着了解其他人的生活，也是一种学习，这是读无字之书。过年回家的时候、出门旅行的时候、遇到和自己不一样的人的时候，他们都乐意去观察、交流、理解。这样才能培养自己敏锐的观察能力，学会把自己的脚放在别人的鞋子里面，去体会别人的感受。

想要成为终身学习者，归根结底，你必须相信长期主义。

终身学习是一种生活态度。为什么有人愿意活到老学到老，有人很早就不愿意再学习了呢？这跟学习基础、智力水平、学历高低都没有关系。能够成为终身学习者，是因为你希望了解更多、体验更多，不会把自己困在已有的学习模式中，不会让自己为专业所困、为常识所困、为自己熟悉的人群所困。

终身学习者往往功利心更轻，好奇心更重。他们总是会对其他人、其他学科、其他文化、其他历史年代感兴趣。他们会把学习当成一件满足自己求知欲的事情，所以从来都不会觉得学习枯燥。知之者不如好之者，好之者不如乐之者。他们乐在其中。

终身学习者不会急于求成，他们不求学习能够马上带来什么物质上的回报。人生就是一场马拉松，重要的不是一开始跑得多快，而是看能不能坚持到底。他们会调匀呼吸，注意配速，把漫长的比赛拆解成一段段更容易完成的赛程，跑完5千米，再去想下一个5千米的事情。这是对生活的希望，也是一种对生活的信仰。

终身学习者红利，说到底就是长期主义者红利。

怎样成为新物种

我们在前面讲到了经济生态系统的变化带来的新红利。在制造业中,会出现一批"专精特新",在服务业中,会出现一批与美好生活相关的新业态,中小城市会有更多的发展机会,企业出海的机会可能不是去欧美市场,而是去看起来更落后的国家。你可能也注意到了,这些红利更多是为小企业,甚至是为个人准备的。

这就带来了一个问题,过去我们都说企业要做大做强,企业的规模越大越有优势。我们还说速度很重要,天下武功,唯快不破,不仅要做大做强,还要用最快的速度做大做强,那么,这个策略以后还管不管用了?如果不管用,又是为什么不管用了?

一种策略管不管用,要看它适用的环境。在经济高速增长时期做大做强,那是顺水推舟的事情,这就好比气候温暖湿润,植物就长得更高大,动物也长得体型更大,但是在经济下行时期,好比气候突然变冷了,植物比原来稀少,而体型小、繁殖快的动物才有更多机会存活下来。

为什么做大做强策略不像过去那么好使了呢?就是因为原来支持这种策略的技术、产业和市场环境都发生了变化。如果是新技术横空出世,发现了一片新的领域,大大提高了效率,或是降低了成本,那企业扩张就很容易,这就是互联网企业发展速度很快的原因。但事到如今，互联网企业的技术创新速度明显放慢，更多的精力是想确保不失去自己已有的地盘，它们也就从攻势进入了守势。如果没有技术创新的突破，还是以现有的产品、技术为基础，互联网企业就会变得越来越像提供基础设施的公用事业企业。就像当年的电，也是一种革命性的技术创新，但如今的电力公司却成了公用事业企业。在经济繁荣时期，企业很容易快速扩张，但这种模式是不可持续的，遇到经济下行就会出问题，这就是包括房地产企业在内，很多扩张太快的企业现在被迫要"瘦身"的原因。还有，如果大量资本脱离了实体经济，涌入金融领域，就容易产生泡沫，而泡沫最终会破灭。技术、产业、市场环境这几个变量同时发生改变，过去那种做大做强的策略就不好使了。

此外，还有一个重要的原因，就是新冠肺炎疫情带来的冲击。这场疫情持续时间太长，波及范围太广，打乱了很多企业的部署。大家都对未来很迷茫，不过，这个冲击对大企业和中小企业来说是不对称的，对大企业影响更大，对中小企业来说反而有了翻身的机会。

这和我们想象的不一样。我们总以为逆境对弱者不公。错！弱者并不惧怕逆境，相反，逆境是弱者战胜强者的为数不多的机会。打个比方，如果一支足球队的战斗力远不如另一支足球队，在正常的比赛条件下，他们想要战胜对手几乎是不可能的。那我们再想象一个场景：就在比赛开始的时候，忽然下

第六章　新的经济生态系统，能做什么事

起了瓢泼大雨，足球场变成了一片泥泞。大雨把球员淋透了，眼睛都睁不开，看不清球场上的队员。这种恶劣的天气对比赛双方都不利，但对强队的打击更大。因为他们所有的优势都无法发挥了。虽然他们跑得快，但在泥泞中谁都跑不动。虽然他们技术更好，配合更巧妙，但在暴雨中根本看不清自己的队友。这是一个弱队战胜强队的绝佳时机。

***

这个弯不好转过来。不止一位企业家朋友很困惑地问我，如果不再追求做大做强，那企业的目标是啥？

当然是为了活下来啊，如果不能活下来，做大做强又有什么意义呢？活下来才是最根本的目标，做大做强是特定时期实现这个终极目标的手段，但如果约束条件改变了，外部环境改变了，可能就要调整策略，不一定还用这一招了。

好，那怎么才能活下来呢？

要找到自己的生态位。

所谓生态位，就是一个物种所能占有的生存资源的总和。在英文中，生态位是 niche。这个词也是神龛的意思。你在寺庙里能看到，每一个神仙都有自己的牌位，一个神龛只能坐进一位神仙。生态系统也是一样，一个生态位只容得下一个物种。也就是说，你只有做到了第一名，才能占住这个生态位。对于生物而言，生态位就是抢夺第一名的竞赛。对于企业来说，生态位就是拿到行业冠军的竞赛。

在大自然里，有时候做大做强是一种最优选择。在繁荣时期会出现超级物种，它们占据了极为广阔的生态位。比如，鲨鱼可以统治整个海洋，而且鲨鱼是一种少有的几乎没有经过什么升级换代，始终占据着食物链顶端位置的物种。还有恐龙，一度称霸整个陆地，压得哺乳动物根本没有抬头的机会。但到了艰难时期，物种的生存空间更小，反而给弱者提供了逆袭的机会。恐龙灭绝，哺乳动物才能迅速占领各个生态位。旧物种消失，新物种反而登上了舞台。

在商业世界里，繁荣时期的竞争好比只有一个比赛项目，比如所有人都要比赛跑步，而且是50米短跑，只有跑得最快的人才能胜出，最终只有一个冠军。这就是为什么在经济繁荣时期，企业争相做大做强，因为一山不容二虎，最终只有一个赢家。

到了艰难时期呢？还是跑步竞赛，但各有各的跑法。比如说，一种比赛是在辽阔的大草原上和猎物长途赛跑，比的不是速度而是耐力，能把猎物跑到精疲力竭、气绝身亡，就是胜利者。另一种比赛是障碍赛，在森林中闪避躲藏，谁能逃过黑熊的追杀，谁就是胜利者。还有一种比赛是跑步加上游泳，中途要游过一条大河。哪怕跑得再快，如果不会游泳，到了河边一样傻眼。你还可以再设计出更与众不同的跑步竞赛，比如说，在跑步的过程中，要经过几个答题点，要解出几道数学题，然后才能继续跑。结果呢，就会有各种各样的冠军，他们在各自的比赛中都能拿第一，但拿了自己比赛的第一，不一定能拿到别人比赛的第一。

这就是经济生态系统变化之后的新的游戏规则，当外部环境改变之后，细分市场是在艰难时代适用的生存策略。不要急着做大做强，而是要先找到细分市场，然后当第一名，占住这个生态位。

对个人来讲也是同样的。过去，我们总是把竞争想象成一场所有人都要参加的比赛，比如高考，在传统的观念里，一考定终身。在这种模式里，学霸就成了被众人羡慕的"超级物种"，他们不仅学业优秀，而且职业发展也更顺利。未来的竞争可不只有一场比赛。善于钻研的人能抓住补链者红利，善于接地气的人能抓住腾挪红利，善于发现生活之美的人能抓住生活家红利，善于冒险和闯荡的人能抓住时空穿越红利，信奉长期主义的人最终能获得终身学习者红利。那些找到了自己的兴趣，找准了自己定位的人会发现，原来这就是自己的生态位。我们要睁大双眼，去寻找那些藏在危机之中的机会。

这才是我们每个普通人真正需要关心的事。

在南太平洋上，有个著名的加拉帕戈斯群岛。达尔文就是在这里发现了很多奇怪的新物种，比如后来被称为"达尔文雀"的岛上的小鸟。他就是这样受到启发，才有了进化论的灵感。

达尔文关心的是进化论。地理学家关心的是为什么加拉帕戈斯群岛会远离大陆。那岛上的生物关心啥呢？它们只关心怎么让自己活下来。

政治学家关心为什么民粹主义泛滥。经济学家关心为什么贸易保护主义抬头。但普通人有更重要的事情要考虑，他们要考虑怎么让自己活下来。环境会变，变就变吧，换一种环境，一样能找到机会。市场收缩了，企业难以长成参天大树，但它们可以把根扎得更深。原来的找工作模式不好用了，好工作越来越少了，没有关系，有远见的人反而正好借此摆脱束缚，不再固守自己的专业和领域，而是不断学习新的技能，更好地组合这些技能，把自己变成多面手。他们可能会经历更多的挑战，但有了这样的历练，视野会更加广阔，人生会更加精彩。

结果，我们看到，活下来的企业、找到发展机会的个人，最终演化成了新的物种。

后记

这本书从 2022 年初开始写作,到 2022 年末才完稿。这样一本小书,也见证了 2022 年的各种变化,并以一种卑微的方式证明了时代洪流会冲击到每一个人的生活,但普通人尽管受到冲击,依然可以用自己的方式坚持思考,做自己想做的事。

这本书邀请你换一种新的视角去看待工作。有人内卷、有人躺平、有人扑腾,虽然从表面上看差异很大,但这三种情绪都是焦虑的体现。焦虑是一种信号,它告诉你有些事情不对劲儿了,提醒你要做出改变。

究竟是什么事情不对劲儿了?究其根源,是我们过去笃信的"好工作"神话破灭了。以后,好工作会越来越难找。这不仅是近期的原因。当然,近期的原因,比如新冠肺炎疫情导致经济增长降速是不容忽视的,尤其对年轻人的就业选择影响很大。坐了慢车的年轻人很难赶上坐了快车的年轻人。但如果把视野放得更远,会发现今后我们将遭遇更剧烈的变化。比如,新技术革命虽然会带来更多创新，改变我们的生产和生活，带来新一轮经济高速增长，但也会带来长久的阵痛。技术革命是一种破坏性的创造，会给很多原有的职业带来冲击，尤其是会冲击到传统意义上的中产阶级。更为糟糕的是，人口因素会进一步加剧这样的变化。如果没有重大的政策调整，可以预见，未来高收入阶层的收入会越来越高，而非熟练劳动力的工资水平也会上涨，唯独中产阶级的职位和收入会更不稳定。中产阶级未来可能是最命苦的人。中产阶级一向被视为社会稳定的基础。如果中产阶级"空心化"，一个社会从橄榄形，变成了哑铃形，这个社会的秩序基础就会随之动摇。

虽然这听起来是坏消息，但也能带来一种解放。如果一直顺风顺水，就很难出现主动的变革。变革的最大动力是遇到了困难。这就是"南墙效应"，即不撞南墙不回头。遇到挫折就要寻找新的思路，也就带来了创新。旧有的思路好像一件冬衣，虽然很保暖，但很臃肿。当季节变化之后，就要及时换衣。脱下冬衣，才能体会到一种轻松自如的感觉。

这本书始终强调，自我变革的重要一环就是认知模式的转变。苏格拉底说，未经省察的人生是不值得过的。同样，未经省察的工作模式也是不值得追求的。自古以来，对工作的理解一直受到流行的社会叙事的影响。迟至工业革命之前，都没有现代意义上的工作概念。人们知道工作很劳累，也会把勤劳当成美德。但是，勤劳主要是为了满足生存的需要，而无论是狩猎、农业还是手工业劳动，在很大程度上都是由劳动者自己控制的。

工业革命之后出现的工作伦理，用一种极为奇特的方式说服了人们，即把工作视为一种美德，甚至是一种社会责任。当生产力进一步释放之后，就进入了消费社会。为了满足消费的愿望，尤其是为了满足炫耀型消费的愿望，人们被迫继续工作。到了最极端的情况，出现了工作狂崇拜。劳动时间越来越长，我们进入了过劳时代。

换一个视角你会发现，可做的事情很多，而工作只是其中的一个子集。自古以来，人们都要做事，这是不变的，但现行的工作模式不可持续，这是早晚要变的。重要的是找事做，而不是找工作。为什么人要做事？本书指出，做事会带来三种意义：第一种意义是，做事给人带来掌控感，能够让人不断提升自我，达到"心流"的状态；第二种意义是，做事能建立稳定的人际关系，让人不感到寂寞；第三种意义是，做事能够找到人生的价值，在大我中实现小我。追寻这三种意义，能改变我们对工作的认知，找到自己想做的事。

如何找到自己想做的事，这是本书想要探讨的核心问题。我们用一个三要素模型，也就是兴趣、天赋、社会需求三个要素，试着去找到每个人的人生坐标。找到一件自己愿意干又能干好的事，而且这件事情还会给你带来金钱和其他的社会成就感，这就是命中注定的事业，是最优的选择。但是，如果只能满足两个条件，也能找到次优的选择。遵循三要素模型，你需要对兴趣、天赋和社会需求有更好的了解：兴趣是可以培养的，天赋是可以发现的，社会需求是需要洞察的。

找到了方向，更具体的挑战是如何走出第一步，也就是先要拿到入场券。本书分析了现有的招聘制度，指出现有招聘制度存在的缺陷。按照现有的招聘制度去找工作，效率极低，而且会给求职者带来挫败感。仔细观察，你会发现，其实还存在一个巨大的隐形就业市场。在这个隐形市场上，社会关系尤其是"弱联系"非常重要。这会给你一个启发：最好的找工作的方式是去了解不同的事，进入做事的圈子，建立自己的社会关系。

从招聘制度存在的缺陷，我们又能够看到教育制度的误区。从终局往前推演，如果教育的目标是让受教育者最终能够找到想做，又能够获得社会成就感的事，那么就应该专注于相关的核心技能。这些核心技能包括语言表达能力、逻辑思维能力、终身学习能力、团队合作能力等。但是，这些核心能力大多不可能通过课堂教育、刷题的方式学会，这就使得现有的教育投资越来越多，但收益越来越低，投资收益不成比例。换一个思路，你应该更多地去关注孩子的核心能力培养，从小就引导孩子去思考、去找到他愿意干又能带来社会成就感的事。

除了找对事，还要跟对人。因为，人是一种群居动物，我们总是要在与别人的协作中完成各种事情。那么，如何才能找到一群和自己志同道合的人呢？要有自己的价值观，这个价值观将会是你人生的指南针。有了这个指南针，很多人生选择就会变得更加容易。在寻找工作机会的时候，要用自己的价值观去对照、观察公司的价值观。只有价值观一致，才有可能找到志同道合的人，才能有更好的做事体验。每家公司都有自己的"部落文化"，第四章教你如何去观察一家公司的"部落文化"。

在一个团队内部，会遇到各种不同的人。学会与不同的人相处，才能更好地构建一个和谐的小环境。通过观察一家企业是否真的关心女性，可以发现这家企业是否善于激发集体智慧，是否能够搞对激励机制，是否能够在未来越来越有竞争力。通过观察一家企业是否懂得与年青一代对话，可以发现这家企业是否更有朝气，是否更有创新精神，在这样的企业里做事是否能找到"嗨"的感觉。除了年轻人，公司里未来会有越来越多的老年人。善于利用老年人优点的企业，将在未来获得额外的竞争优势。入对行、做对事很重要，但是跟对人也很重要。在年轻人成长的过程中，离不开导师的指导。我们也讨论了如何在企业里找到自己的导师。好的导师不仅有更高的能力，而且对人情世故更为练达，更懂得放权，能够给年轻人提供更多的锻炼机会。有了导师的加持，年轻人的成长速度就会更快，能够达到更高的境界。

在找事的过程中，并没有平坦的大道，人们经常要经历迂回曲折的过程，才能最终找到自己想做的事情。有很多人因为害怕失去，而不敢行动，错失了机会。对失败的恐惧是根深蒂固于人类的认知模式的。如何才能克服这样的缺陷呢？要对犯错的成本有大致的估计，也就是要学会止损，锁定风险。有了这样的定心丸，就能更为积极地拥抱变化，尝试更多的新生事物。

即使失败了，找到了一件不称心如意的事情，也有机会做调整。本书介绍了如何在一个不满意的工作岗位上锻炼自己的"越狱术"，如何利用一切可以利用的机会，提高自己的旷野生存能力，等到机会到来的时候，再寻求破壁。

如果要换一件事情做，有几种选择。第一种选择是在公司内部腾挪，越是大的公司，越能够提供更多腾挪的机会。第二种选择是在主要的工作之外再做副业，这就是越来越流行的"斜杠青年"。"斜杠青年"需要更好地管理自己的身份和社会关系。第三种选择是辞职，第五章介绍了如何更顺利地完成辞职和转型。第四种选择是创业，个人创业在未来大有可为。如果能够找到经济、社会中出现的某个小趋势，全心全意地服务好这个小趋势，想不赚钱都是件很难的事。

最后，我想跟读者朋友分享的是，小时代已经结束，大时代猝然降临。在大时代，你必须学会对宏观趋势的变化更为敏感，并把宏观的变化落实到自己的生存策略调整上，才能避免潜在的风险，找到隐藏的机会。

我为你介绍了一种观察中国经济变化的方法论：在慢变量

中寻找小趋势。掌握了这种方法论，你就能更好地看清未来的变化，主动调整自己的行动策略，提前布局，占得先机。

这些年来，我就是用这样的方法论指导自己的调研。我在调研中发现，中国的经济生态系统发生了巨变，并给企业和个人带来了新的机会：由于经济安全更加重要，制造业中本土创新企业会获得补链者红利；由于城市化的发展在地理上变得更加平衡，那些善于利用中心城市和边缘城市之间联系的人会获得腾挪红利；由于中国百姓对美好生活的需求日益旺盛，年青一代有新的生活美学主张，那些更善于发现生活之美的人能获得生活家红利；由于中国具有一种独特的优势，在一代人的时间内实现了从落后到先进的转变，中国企业出海能获得时空穿越红利；虽然外部环境发生了变化，但是那些信奉长期主义，愿意不断学习，培养新的技能，并善于组合技能的人能获得终身学习者红利。

虽然经济生态系统发生了巨变，旧物种会消亡，但新的物种会出现。新的物种很可能不再是像恐龙和鲸那样的超级物种，而是在细分市场上能找到自己的生态位，并在自己的赛道上拿到第一名的企业和个人。

希望本书能让你有所感悟，并让你重新思考工作的意义，放弃旧有的偏见，思考长远的人生规划，提升自己的底层核心能力，并最终在这个剧烈变化的时代找到自己的定位，把自己变成生生不息的新物种。